本书受"广州市人文社会科学重点研究基地
(2018—2020)——广州市国家中心城市研究基地"资助

淘宝村时空演变特征与产业生态研究
——以广州为例

罗谷松◎著

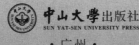
·广州·

版权所有　翻印必究

图书在版编目（CIP）数据

淘宝村时空演变特征与产业生态研究：以广州为例/罗谷松著．—广州：中山大学出版社，2019.11

ISBN 978-7-306-06663-3

Ⅰ．①淘…　Ⅱ．①罗…　Ⅲ．①网店—运营管理—研究—广州　Ⅳ．①F724.6

中国版本图书馆 CIP 数据核字（2019）第 148415 号

出 版 人：	王天琪
策划编辑：	金继伟
责任编辑：	张　蕊
封面设计：	曾　斌
责任校对：	苏深梅
责任技编：	何雅涛
出版发行：	中山大学出版社
电　　话：	编辑部 020-84110771，84110283，84111997，84110779
	发行部 020-84111998，84111981，84111160
地　　址：	广州市新港西路 135 号
邮　　编：	510275　传　真：020-84036565
网　　址：	http://www.zsup.com.cn　E-mail: zdcbs@mail.sysu.edu.cn
印 刷 者：	广州一龙印刷有限公司
规　　格：	787mm×1092mm　1/16　13.25 印张　250 千字
版次印次：	2019 年 11 月第 1 版　2019 年 11 月第 1 次印刷
定　　价：	45.00 元

如发现本书因印装质量影响阅读，请与出版社发行部联系调换

目 录

第一章　绪论 ··· 1

　　第一节　研究的背景 ··· 1

　　第二节　问题的提出 ··· 13

　　第三节　研究的设计 ··· 15

第二章　相关概念、基本理论和研究综述 ······························ 20

　　第一节　相关概念 ·· 20

　　第二节　相关基础理论 ·· 28

　　第三节　国内外研究综述 ··· 35

第三章　淘宝村空间集聚要素分析——道路形态对商业集聚的影响 ··· 49

　　第一节　城市道路形态对商业设施空间分布影响的研究 ············ 49

　　第二节　基于广州市中心城区的实证分析 ···························· 51

第四章　广州农村电子商务的发展 ······································ 66

　　第一节　我国农村电子商务的发展 ··································· 66

　　第二节　广州市电子商务发展的总体状况 ·························· 82

　　第三节　广州市农村电子商务发展状况 ····························· 90

第五章　广州市淘宝村的时空演变分析 ································ 94

　　第一节　广州市淘宝村的发展特征 ··································· 94

  第二节　广州市淘宝村的时间演进过程 …………………… 106

  第三节　广州市淘宝村的空间分布演变分析 ………………… 110

第六章　广州市淘宝村空间集聚特征与演化机制分析 …………… 116

  第一节　测算方法 …………………………………………… 116

  第二节　广州市淘宝村的空间集聚及演化分析 ……………… 122

  第三节　广州市淘宝村空间集聚演化机制 …………………… 136

第七章　淘宝村内部时空演化研究——以里仁洞村为例 ………… 144

  第一节　区域选择 …………………………………………… 144

  第二节　前淘宝村时代的里仁洞村 …………………………… 146

  第三节　里仁洞淘宝村的形成过程 …………………………… 148

  第四节　里仁洞淘宝村的形成机制分析 ……………………… 153

  第五节　里仁洞淘宝村的空间演化分析 ……………………… 159

第八章　里仁洞村产业生态系统演化研究 …………………………… 165

  第一节　理论框架 …………………………………………… 165

  第二节　里仁洞村种群发展分析 ……………………………… 170

  第三节　里仁洞村群落演化分析 ……………………………… 177

  第四节　里仁洞村产业生态系统协同演化机制分析 ………… 180

第九章　主要结论与政策启示 ………………………………………… 182

  第一节　主要结论 …………………………………………… 182

  第二节　政策启示 …………………………………………… 186

参考文献 ………………………………………………………………… 191

第一章 绪 论

第一节 研究的背景

一、淘宝村已经成为一种全国范围内的经济地理现象

（一）淘宝网迅速崛起，已经成为我国最大的电子商务平台之一

2003年5月10日，淘宝网在浙江省杭州市正式成立，仅用两个月的时间，会员数量达到1.7万人，上网商品6.2万件；据相关资料显示，当时淘宝网的日平均网页浏览量为30万，日平均访问人次有2.5万，日新增商品共2000多件。同年10月，淘宝网推出了"支付宝"（国内领先的独立第三方支付平台），首创了"担保交易"的商业模式，提高了消费者对网上交易的信任，从而助推淘宝网进一步发展壮大，网站销量也随之持续加大。2004年6月，淘宝网推出了与网络购物联系在一起的即时聊天工具——"阿里旺旺"。该工具是在阿里巴巴贸易通的基础上发展起来的，是对阿里巴巴贸易通功能的进一步优化，具备沟通交流、交易管理等多种功能。为此，即使面临eBay易趣的强大竞争，淘宝网仍得到了突破式的增长。随后，淘宝网的成交额不断扩大。淘宝网先后超越eBay易趣、日本雅虎，成为亚洲最大的网络购物平台。2007年，其成交额突破了433亿元。然而，由于尚未探索出较好的盈利模式，截至2008年，淘宝网仍处于亏损状态。此后，为了扭转这一局面，增强盈利能力并实现可持续发展，淘宝

网采取了一系列措施进行转型。2010年3月，淘宝网上线了其旗下的团购平台——聚划算，主推网络商品团购。同年4月，阿里巴巴转型建立"淘宝联盟"。"淘宝联盟"随后发展成中国最大的广告联盟。2010年10月底，淘宝网旗下的搜索引擎一淘（etao）正式推出全网搜索；同年11月，淘宝商城启动独立域名。2012年1月，淘宝商城更名为天猫，并加强其平台的定位。同年，在天猫策划的"双11"购物节期间，成交额突破100亿元，"双11"购物节由此成为广受国内外关注的网络购物狂欢节庆活动。目前，"双11"购物狂欢节已经发展成我国最有影响力的购物狂欢节庆活动，不仅带动了以互联网为核心的线上消费，也带动了实体领域的线下消费。经过10多年的加速发展与不断转型，淘宝网已经发展成了我国最大的电子商务平台之一。根据最新的数据显示，2018年，在零售电商领域，淘宝网依然占据近60%的市场份额，是第二名京东的3倍以上（京东所占市场份额为16%），处于绝对的领先地位。

随着淘宝网的发展壮大，它不仅推动了我国网络零售规模的扩张，还创建了面向内容创业者的服务体系，助推了我国创新创业发展。根据中国人民大学劳动人事学院课题组发布的《阿里巴巴零售平台就业机会测算与平台就业体系研究报告》，2018年，阿里巴巴零售平台总体上为我国创造了4082万个就业机会，其中包括1558万个交易型就业机会，2524万个带动型就业机会。经过近20年的发展，阿里巴巴发展成了一个数字经济体，并以数字经济平台为引擎，形成了多元化的数字经济平台就业生态体系。阿里巴巴零售平台不仅带动了网络购物消费端的就业，而且服务并带动了产品生产端的就业发展。特别是在网络零售环节，形成了以电子商务为核心的服务商生态。作为数字经济平台带动的服务市场，电子商务服务商生态吸纳并带动了大量的就业人口。除此之外，电子商务服务商也衍生出了大量的新型职业，包括淘主播、淘女郎、海淘买手、机器人训练师、代运营培训师、钉钉数字化管理师等。淘宝网与第一财经商业数据中心发布的《淘宝电商内容创业洞察》显示，2017年淘宝网注册达人达到150万人，较前一年增长了36.4%；认证达人达到3.5万人，较前一年增长了169%。

此外,随着阿里巴巴集团业务与战略的调整,淘宝网也逐步成了一个创新创业"孵化器",孵化衍生了一大批"独角兽"高成长性企业。根据科技部发布的《2017年中国独角兽企业发展报告》,由淘宝网孵化衍生的蚂蚁金服、阿里云、菜鸟网络、口碑、淘票票等均入选为独角兽企业。其中,以支付宝为核心业务的蚂蚁金服,以750亿美元估值排名第一;阿里云、菜鸟网络均位列前十。(见表1-1)

表1-1 2017年中国独角兽企业TOP 10

排名	企业名称	估值/亿美元	行业	成立时间/年
1	蚂蚁金服	750	互联网金融	2014
2	滴滴出行	560	交通出行	2012
3	小米	460	智能硬件	2010
4	阿里云	390	云服务	2009
5	美团大众点评	300	电子商务	2010
6	宁德时代	200	新能源汽车	2011
7	今日头条	200	新媒体	2012
8	菜鸟网络	200	物流	2013
9	陆金所	185	互联网金融	2011
10	借贷宝	107.7	互联网金融	2014

资料来源:科技部《2017年中国独角兽企业发展报告》。

(二)淘宝村数量迅猛增长,广泛分布在我国的24个省(市、区)

自2009年发现3个淘宝村(浙江义乌的青岩刘村、河北清河的东高庄村、江苏睢宁的东风村)以来,全国淘宝村经历了井喷式的增长。根据南京大学空间规划研究中心和阿里新乡村研究中心公布的《中国淘宝村发展报告(2014—2018)》,2018年全国范围内共有3202个淘宝村,是2014年的15倍以上。2014—2018年,淘宝村年均增长率达到了95%以上(97.1%),其中,2014—2015年增长最快,增长率达267.5%(如图1-1所示)。同时阿里研究院的数据显示,2018年全国淘宝村网店年销售额超过2200亿元,在全国农村网络零售额占比超过10%,活跃的网店数超66

万个，带动就业机会数量超过180万个。

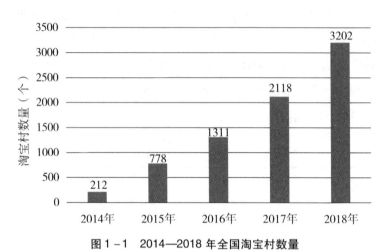

图1-1　2014—2018年全国淘宝村数量

资料来源：南京大学空间规划研究中心和阿里新乡村研究中心《中国淘宝村发展报告（2014—2018）》。

2014年以来，淘宝村的迅猛发展不仅表现在数量上，还表现在空间扩散上。2014—2018年，淘宝村已经由最初沿海省份的零星分布迅速向我国中西部地区扩展。目前，淘宝村已经广泛分布在我国的24个省（市、区），330多个县区，仅黑龙江省、青海省、甘肃省、内蒙古自治区、西藏自治区尚未发现有淘宝村现象。可以说，当前淘宝村已经成为一种全国范围的特色经济地理现象。（见表1-2）

表1-2　全国有淘宝村的省（市、区）数量

时间/年	2014	2015	2016	2017	2018
省（市、区）数量/个	10	17	18	24	24

资料来源：南京大学空间规划研究中心和阿里新乡村研究中心《中国淘宝村发展报告（2014—2018）》。

此外，淘宝村的迅猛发展也被认为是一场非常重要的"边缘革命"，具有边缘人群、边缘区位和边缘产品三重边缘属性。所谓边缘人群，指的是最早返乡从事电子商务创业的草根创业者群体，基本都属于城市的边缘

人;所谓边缘区位,指的是众多淘宝村、镇主要分布在城市或区域空间格局中的边缘区位;所谓边缘产品,指的是自发形成的淘宝村的主营产品多为低成本的蓝海产品。作为一场"边缘革命",淘宝村还推动了地处偏远地区的贫困县、贫困村的兴起与繁荣,截至2018年,有43个淘宝村在国家级贫困县,近600个淘宝村在省级贫困县,这意味着众多贫困村借助淘宝网实现发展,成为淘宝村,从而实现整村脱贫。联合国工业发展组织总干事李勇对我国电商的发展做出评价:"随着电子商务的广泛深入发展,中国越来越多的乡村正在拥抱互联网,淘宝村应运而生,众多村庄随之发生天翻地覆的变化,淘宝村在返乡创业、灵活就业、减贫脱贫等方面,凸显出重要的经济社会价值,正在受到政府、高校、媒体、智库、国际组织等的关注和重视。"

(三)淘宝村空间集聚特征明显,区域分布不均衡现象仍较为显著

尽管目前淘宝村已经广泛分布于我国大部分省(市、区),但从空间分布格局上来看,淘宝村空间集聚特征十分明显,总体上高度集中分布于我国的东部沿海地区。从省域层面上来看,全国95%以上的淘宝村分布于东部沿海地区的六省两市(河北省、山东省、江苏省、浙江省、福建省、广东省、北京市和天津市),2018年沿海六省两市的淘宝村总数为3089个,占全国总数的96.47%。除了北京市与天津市以外,其他六省的淘宝村数量均为200个以上。其中,浙江省的淘宝村数量遥遥领先,2018年其所拥有的淘宝村数量占全国总数的比重为三分之一以上(36.6%),几乎是位于第二名的广东省淘宝村数量的两倍。与此同时,位于中西部地区的大多数省份淘宝村数量普遍较少,其中,河南省近年来增长速度极快,已经成为除了东部沿海六省以外,唯一一个淘宝村数量为50个的省份。

从县域层面来看,我国淘宝村的分布也呈现出东部地区集群发展,中西部及东北地区零散分布的特点。在长三角、珠三角、苏北、闽东南以及潮汕等东部沿海地区,存在大量淘宝村数量为30个以上的县域,而位于中西部及东北地区的县域淘宝村数量普遍较少,基本处于5个以下的低水平区间。

从 2014 年到 2018 年新增的淘宝村来看，我国绝大部分新增的淘宝村仍位于东部沿海地区，约有 95% 以上的新增淘宝村位于浙江省、广东省、江苏省、福建省、山东省、河北省六个东部沿海省份。其中，浙江省淘宝村数量增长最多，为 1110 个，占全国新增淘宝村总量的比重为 37.1%；其次为广东省，2014 年到 2018 年新增淘宝村 560 个，占全国的比重为 18.7%。然而，新增的 14 个有淘宝村分布的省份中，淘宝村的总量仅为 59 个，只占全国新增淘宝村数量的 2.0%。同时，在我国东部沿海地区，如山东西南部、江苏北部、浙江南部、珠三角地区、潮汕地区、福建东南部，淘宝村还呈现出连片出现的情况。（见表 1-3）

表 1-3 2014—2018 年全国淘宝村分布情况

地区	2014年/个	2015年/个	2016年/个	2017年/个	2018年/个	2014—2018年增长/个	2014—2018年增长占全国的比重（%）
浙江省	62	280	506	779	1172	1110	37.1
广东省	54	157	262	411	614	560	18.7
江苏省	25	126	201	262	452	427	14.3
福建省	28	71	107	187	233	205	6.9
山东省	13	63	108	243	367	354	11.8
河北省	25	59	91	146	229	204	6.8
河南省	1	4	13	34	50	49	1.6
四川省	2	2	3	4	5	3	0.1
湖北省	1	1	1	4	10	9	0.3
天津市	1	3	5	9	11	10	0.3
辽宁省	—	1	4	7	9	9	0.3
江西省	—	3	4	8	12	12	0.4
湖南省	—	3	1	3	4	4	0.1
云南省	—	2	1	1	1	1	0.0

续表 1-3

地区	2014年/个	2015年/个	2016年/个	2017年/个	2018年/个	2014—2018年增长/个	2014—2018年增长占全国的比重（%）
北京市	—	1	1	3	11	11	0.4
吉林省	—	1	1	3	4	4	0.1
山西省	—	1	1	2	2	2	0.1
安徽省	—	—	1	6	8	8	0.3
广西壮族自治区	—	—	—	1	1	1	0.0
贵州省	—	—	—	1	1	1	0.0
陕西省	—	—	—	1	1	1	0.0
宁夏回族自治区	—	—	—	1	1	1	0.0
新疆维吾尔族自治区	—	—	—	1	1	1	0.0
重庆市	—	—	—	1	3	3	0.1
合计	212	778	1311	2118	3202	2990	—

资料来源：南京大学空间规划研究中心和阿里新乡村研究中心《中国淘宝村发展报告（2014—2018）》。

此外，近年来淘宝村集聚效应日益凸显，淘宝镇的数量也迅速增加。2014—2018年，淘宝镇的数量由17个增加到356个。从淘宝镇的定义上来看，淘宝镇指的是拥有符合淘宝村标准的行政村数量在3个及以上的乡、镇或者街道。因此，在一定程度上，淘宝镇可以被认为是淘宝村在一定区域范围内集聚的表现，是在淘宝村的基础上形成的一种更高层次的农村电子商务生态现象。从省域层面来看，淘宝镇也集中分布于我国东部沿海地区的六个省份，沿海六省的淘宝镇数量占全国淘宝镇总数的95%以上。特别是浙江省，2018年淘宝镇的数量达到了128个，是排名第二的广东省的1.7倍。（见表1-4和图1-2）

表1-4 2014—2018年东部沿海六省的淘宝镇数量

（单位：个）

地区	2014年	2015年	2016年	2017年	2018年
浙江省	6	22	51	77	128
广东省	5	20	32	54	74
江苏省	2	11	17	29	50
福建省	2	7	13	24	29
山东省	0	6	12	36	48
河北省	2	5	8	16	27
全国	17	71	133	236	356

资料来源：南京大学空间规划研究中心和阿里新乡村研究中心《中国淘宝村发展报告（2014—2018）》。

图1-2 2014—2018年我国东部沿海六省淘宝镇总量及其占全国的比重

资料来源：南京大学空间规划研究中心和阿里新乡村研究中心《中国淘宝村发展报告（2014—2018）》。

二、农村电子商务成为我国全面实施乡村振兴战略的重要抓手

（一）我国已经步入全面实施乡村振兴战略的历史阶段

改革开放以来，我国农村地区的发展已经取得了长足的进步，2018年，我国乡村消费品零售额达55350亿元，农村居民人均可支配收入已达14617元。然而，尽管农村经济已经取得了较快的发展，我国城乡差距仍比较大，2018年我国城镇居民人均可支配收入（39251元）是农村居民人均可支配收入的2.7倍。同时，农村地区的脱贫攻坚任务十分艰巨，仍须进一步加大脱贫攻坚力度，截至2018年年末，我国农村地区仍有1660万贫困人口。此外，相对城镇而言，我国农村地区的基础设施建设仍较为落后，具体表现为乡村道路建设质量较差、农村电网设备差且用电成本较高、农村集中式供水比例较低、农村互联网普及率偏低等。

21世纪以来，我国高度重视农村地区的发展，持续加大"三农"政策支持力度，2004年起连续14年的中央一号文件都聚焦"三农"问题，党的十七大和十八大也先后提出了城乡统筹和城乡一体化的发展思路。然而，从本质上来看，这些政策主要强调的是城市对乡村的反哺、工业对农业的扶持，乡村、农业均处于被动接受的地位，这些政策并未关注并鼓励乡村、农业主动寻求发展之路。2017年10月，党的十九大召开，首次提出实施乡村振兴战略，党的十九大还指出必须始终把解决好"三农"问题作为全党工作的重中之重。根据党的十九大报告，乡村振兴战略的总体要求主要是"产业兴旺、生态宜居、乡风文明、治理有效、生活富裕"。2017年12月，中央农村工作会议召开，会议明确提出实施乡村振兴战略是中国特色社会主义进入新时代做好"三农"工作的总抓手。中央农村工作会议还对乡村振兴战略做出了总体部署，并明确了我国乡村振兴战略实施的时间表和路线图。在党的十九大与中央农村工作会议精神的指导下，2018年1月，《中共中央　国务院关于实施乡村振兴战略的意见》提出"到

2020年，乡村振兴取得重要进展，制度框架和政策体系基本形成"。2018年9月，中共中央、国务院印发了《乡村振兴战略规划（2018—2022年）》，指出"从2018年到2022年，是实施乡村振兴战略的第一个5年"，并提出到2020年，乡村振兴的制度框架和政策体系基本形成，到2022年，乡村振兴的制度框架和政策体系初步健全。

可见，我国已经进入了全面实施乡村振兴战略的历史阶段，未来5年，乡村振兴将成为我国农村地区的重点工作。乡村振兴战略强调要注重发挥乡村地区的主动性和创造性，充分地立足于乡村地区的产业、生态、文化等资源，构建符合乡村特点的长效的可持续发展动能机制。由此可见，乡村振兴战略首次把乡村置于和城市平等的地位上，不再强调城市对乡村的支持与扶持了，更加关注乡村地区的自身发力。

（二）农村电子商务成为乡村振兴战略的重要抓手

根据乡村振兴战略的总体要求，乡村振兴的根本和关键在于产业兴旺。然而，目前作为影响农民生活水平的关键因素，农村市场仍是农村产业发展中的一个短板。电子商务的迅猛崛起，使农村地区的农民与消费者可以直接联系，从而为农产品对外销售提供了一个广阔的"大市场"，电子商务也因此成为农产品销售的重要渠道。未来，随着物流运输、配送等环节的进一步打通，农村电子商务将成为助推产业振兴的生力军，进而成为精准扶贫的一条重要路径。同时，随着新一代信息技术应用领域的逐步扩大，互联网正成为改变农业组织形态，创新农民生产经营模式，推动农村地区科技、旅游等全面发展的重要方式。电子商务作为"互联网＋"战略的重要组成部分，可全面对接农业生产、经营、管理和服务等各个环节。通过发展电子商务，农村地区的生产、生活等将得到进一步改善与提高。

因此，农村电子商务成了我国新时期实施乡村振兴战略的重要抓手。近两年来，国务院、商务部等部委围绕农产品电商、电商扶贫、农商协作、物流配送等农村电子商务的相关领域，提出了一系列促进农村电商发展的政策措施，累计下发农村电商相关文件超过120件（见表1-5）。

表1-5 2017—2018年我国颁布的部分农村电商相关政策文件

颁布时间	政策文件	相关内容
2017年1月	《国务院关于印发"十三五"促进就业规划的通知》	推动发展"互联网+"现代农业，大力发展农产品电子商务、休闲农业、创意农业、森林体验、森林康养和乡村旅游等新业态
2017年1月	商务部等5部门印发《商贸物流发展"十三五"规划》	加强农村物流网络体系建设，支持建设县、乡镇综合性物流配送中心和末端配送网点
2017年2月	商务部等7部门印发《关于推进重要产品信息化追溯体系建设的指导意见》	到2020年，初步建成全国上下一体、协同运作的重要产品追溯管理体制，统一协调的追溯标准体系和追溯信息服务体系
2017年5月	财政部、商务部《关于开展2017年电子商务进农村综合示范工作的通知》	以示范县创建为抓手，在总结前一阶段工作的基础上，深入建设和完善农村电商公共服务体系，进一步打牢农村产品"上行"基础
2017年5月	《国务院办公厅关于印发兴边富民行动"十三五"规划的通知》	实施"互联网+"产业扶贫、科技助力精准扶贫、电商扶贫、光伏扶贫、乡村旅游扶贫工程，拓宽边民增收致富渠道
2017年8月	商务部会同农业部发布《商务部 农业部关于深化农商协作大力发展农产品电子商务的通知》	加快建立线上线下融合、生产流通、消费高效衔接的新型农产品供应链体系
2017年12月	商务部等5部门印发《城乡高效配送专项行动计划（2017—2020年）》	完善城乡物流网络节点，降低物流配送成本，提高物流配送效率

续表 1-5

颁布时间	政策文件	相关内容
2018年1月	中共中央、国务院发布《中共中央 国务院关于实施乡村振兴战略的意见》	提出要实施数字乡村战略，大力建设具有广泛性的促进农村电子商务发展的基础设施，深入实施电子商务进农村综合示范
2018年5月	工业和信息化部印发《关于推进网络扶贫的实施方案（2018—2020年）》	进一步聚焦深度贫困地区，更好发挥宽带网络优势，助力打好精准脱贫攻坚战，促进产业兴旺、生活富裕
2018年5月	商务部印发《关于推进农商互联助力乡村振兴的通知》	进一步加强产销衔接，发挥农产品流通对促进农业生产和保障居民消费的重要作用，推进农业供给侧结构性改革
2018年9月	中共中央、国务院印发《乡村振兴战略规划（2018—2022年）》	深入实施电子商务进农村综合示范，建设具有广泛性的农村电子商务发展基础设施，加快建立健全适应农产品电商发展的标准体系

资料来源：中国国际电子商务中心研究院《中国农村电子商务发展报告（2017—2018）》。

三、农村电子商务成为广州市全力建设"网络商都"和亚太电子商务中心的重要内容

2018年4月，原广州市商务委制定了《广州市电子商务产业发展规划（2018—2022年）》（以下简称《电子商务规划》），其中明确提出了到2022年"初步构建起一个应用广泛、融合深度、业态齐全、服务完善、结构合理的电子商务产业体系，基本形成'网络商都'经济发展模式，基本建成亚太地区重要的电子商务中心"。其中，强化农村地区的电子商务应

用是广州市全力建设"网络商都"的一个重要组成部分。《电子商务规划》指出,鼓励本地农业龙头企业与各类电子商务平台企业、物流配送企业合作,积极培育农村地区的"新零售"模式,加强产、供、销衔接,构筑"工业品下乡"和"农产品进城"的双向流通渠道。此外,《电子商务规划》还对广州市的电子商务产业布局进行了一个较大的调整,增加了一个以从化区为核心的农村电子商务应用特色区。从化农村电子商务应用特色区将加强与阿里巴巴集团、苏宁易购等电商平台合作,积极推进覆盖"县、镇、村"三位一体的农村电商、物流配送网络建设,完善服务支撑体系,优化电子商务发展环境,打造农村电子商务产业基地。2019年1月,广州市人民政府办公厅印发了《关于推动电子商务跨越式发展的若干措施》,其中明确提出要把广州打造成亚太电子商务中心的目标,而提升农村电子商务发展水平是广州市推动电子商务跨越式发展的重要内容之一。广州市提出要完善农村电子商务营销体系,着力突破农村电子商务发展瓶颈,推动农产品标准体系及品牌建设,建设农村电子商务发展载体。

第二节 问题的提出

广州市是我国五大中心城市之一,也是珠三角城市产业带的核心区域。凭借发达的商贸商务体系和珠三角制造业中心的地位,广州市已聚集了一大批优秀电子商务企业,包括唯品会、环球市场、欢聚时代、久邦数码、康爱多、袋鼠妈妈、欧派、骆驼等。近年来,广州市电子商务产业保持快速增长态势,在电子商务发展的多个领域均位居全国前列地位,已经成功获批并创建了国内贸易流通体制改革发展综合试点城市、跨境贸易电子商务服务试点城市、现代物流技术应用和共同配送试点城市、城市共同配送试点城市、国家电子商务示范城市以及国家移动电子商务试点示范城市。在移动电子商务方面，早在"十一五"期间，广州作为国家移动电子商务试点示范城市，就已启动建设全国首个由政府主导的广州移动互联网（越秀）产业园。"十二五"期间，广州市移动电子商务服务业得到进一步发展，培育了 UC 优视（UCWEB）、久邦数码（3G 门户）、华多（YY 语音）等一批国内移动互联网发展的领先企业和知名品牌。此外，中华人民共和国海关总署于 2013 年 9 月批复广州成为跨境贸易电子商务服务试点城市，广州市充分利用了海关总署赋予广州的海关特殊监管区域优惠政策，率先试行跨境贸易电子商务备案制管理。目前，在广州市开展跨境电商业务的 B2B2C（网购保税进出口）、B2C（直购进口）和 B2C（零售出口）等类型的企业约有 1200 家，包括广东邮政邮件快件服务有限公司、卓志供应链服务集团有限公司、广新贸易发展有限公司和轻出易链通贸易有限公司等一批跨境贸易电子商务行业龙头企业。

作为农村电子商务产业集群的典型代表，2014 年以来，淘宝村在广州市也呈现出快速发展的态势。当前，广州市淘宝村的数量位居全国各地级市的前十位，淘宝村的网点活跃度较高，创新创业热情高涨。众多学者指出，电子商务的迅猛发展，对我国农村地区的经济、社会等各个方面都产生了重大影响，使农村地区得以跳出传统的工业化、城镇化道路，实现从传统农业生产向以信息化为核心的电子商务产业的跨越发展，并引发了农村地区的产业空间的改变与演化。作为我国淘宝村集聚的超大城市，广州市淘宝村的发展也引起了部分学者的关注，他们从空间分布特征、单个淘宝村的发展以及淘宝村（镇）的形成等方面展开了研究。然而，从目前的研究来看，对广州市淘宝村的研究大多以 2014 年的淘宝村数据为基础，并且局限于较短的历史时段。一方面，2014 年以来，随着广州市淘宝村的成倍增加，其发展特点与空间分布特征均发生了较大的转变，当前的研究存在一定的滞后性；另一方面，缺乏从演化的视角对广州市淘宝村的发展进行深入的研究与探讨。

为此，本书将借鉴产业集聚和演化经济地理学的相关理论，在前人研究的基础上，对广州市淘宝村的发展展开研究，致力于解决以下几个关键问题：

（1）当前，广州市淘宝村的发展特征有哪些？与其他城市相比，广州市淘宝村的发展有什么不同之处？

（2）广州市淘宝村的时空演变如何开展？具体而言，可分为两个小的问题，一是广州市淘宝村的时间演进过程表现出哪些特点？二是随着时间的演进，广州市淘宝村的空间分布有什么变化？

（3）广州市淘宝村是否表现出空间集聚的现象？如果是，广州市淘宝村的空间集聚表现出什么特点？随着时间的推进，广州市淘宝村的空间集聚现象又是如何发展与演化的？有哪些因素会对淘宝村的空间集聚造成影响？其中的演化机制到底是什么？

（4）单个淘宝村的时空演化过程如何？电子商务产业的集聚到底对单个淘宝村的地域空间与产业生态系统产生了哪些方面的影响？单个淘宝村地域空间与产业生态系统演化的动力机制是什么？

第三节 研究的设计

一、研究目标

本书将利用产业集聚和演化经济地理学的相关理论，对广州市淘宝村的发展现状与时空演化展开研究，致力于揭示广州市淘宝村的发展特征、时空演变过程。在此基础上，深入剖析广州市淘宝村的空间集聚现象，总结并归纳出影响广州市淘宝村空间集聚演化的主要因素，进而提炼出其演化机制。同时，以单个淘宝村为研究对象，总结其发展演变过程，以及产业生态系统的演化过程与机制。通过广州市淘宝村整体与典型案例两个方面的结合，本书致力于从宏观和微观两个不同的尺度，揭示出淘宝村的时空演化特征与机制，为其他城市淘宝村总体与单个案例的研究提供借鉴。

二、研究内容

（一）主要内容

本书的核心研究内容主要为以下三个方面。

1. 广州市淘宝村的时空演化分析

首先，运用2018年淘宝村的数据，从淘宝村类型、分布情况等方面，对广州市淘宝村的发展现状特点进行归纳与总结。其次，运用2014—2018年的淘宝村数据，对广州市淘宝村的时间演进过程进行分析。最后，从区县、镇街两个尺度出发，对广州市淘宝村的空间分布展开研究分析，总结其区县尺度、镇街尺度的空间演变特点。

2. 广州市淘宝村的空间集聚特征与演化机制分析

运用平均最近邻分析法、标准差椭圆法、核密度分析法、空间自相关分析法、多距离空间聚类分析方法等对广州市淘宝村点状要素的空间分布进行测度，总结其空间集聚特征以及空间集聚的演化过程。在此基础上，结合广州市淘宝村的实际，对淘宝村空间集聚的影响因素进行归纳与总结，进而揭示出淘宝村空间集聚的演化机制。

3. 单个淘宝村的内部时空演化与产业生态系统研究

选取广州市番禺区里仁洞村为案例，在总结其发展历程的基础上，展开深入的探讨与研究，揭示里仁洞"淘宝村"的形成机制。在此基础上，借鉴产业生态系统的相关理论，从种群发展、群落演化等方面对里仁洞村的产业生态系统演化过程进行分析，进而提出其产业生态系统的演化机制。

（二）框架设计

为达到以上所提出的研究目标，结合本书的核心研究内容，本书将分为九个章节的内容。

第一章为绪论部分，结合国内外宏观经济形势，以及广州市发展实际，提出本书的研究背景、研究问题、研究内容、研究方法以及技术路线等内容。

第二章为相关概念、基本理论和研究综述。在这一章里，本书将对淘宝村的概念与内涵进行深入剖析，并将其与农村电子商务、专业村等相关概念进行辨析。在此基础上，提出本书将借鉴与运用的相关理论，以及近年来国内外在淘宝村、产业集聚等方面的研究进展。

第三章为淘宝村空间集聚要素分析。这一章作为淘宝村空间集聚的引子，从道路形态对商业集聚的影响，以广州中心城区为例，分析商业设施空间分布的影响因素、影响机理与影响特征，为下文分析淘宝村集聚提供分析的依据。

第四章为广州市农村电子商务的发展。这一章将作为本书研究的背景。首先，将对我国农村电子商务的发展进行研究，包括农村电子商务的发展历程、发展现状以及发展的主要模式。其次，归纳总结广州市电子商务发展的情况，包括电子商务的发展历程、发展状况。最后，在研究分析广州市农村信息化推进过程的基础上，总结当前广州市农村电子商务的发展情况与特征。

第五章为广州市淘宝村的时空演变分析。这一章是本书的核心研究内容之一，将对广州市淘宝村的发展特征、时间演进过程以及空间分布演变进行研究分析。

第六章为广州市淘宝村空间集聚特征与演化机制分析。这一章也是本书的核心研究内容之一，将在简要介绍空间集聚的测算方法的基础上，对广州市淘宝村的空间集聚特征及演化过程展开分析，进而揭示出淘宝村空间集聚的主要影响因素与演化机制。

第七章是淘宝村内部时空演化研究。这一章将以里仁洞村为例，对里仁洞淘宝村的发展历程、形成过程、形成机制与空间演化展开研究与探讨。

第八章是里仁洞村产业生态系统演化研究。这一章与第七章共同组成本书的第三个核心研究内容。这一章将在总结与归纳产业生态系统的相关理论与研究进展的基础上,通过对里仁洞村的产业生态系统(包括种群与群落等方面)展开深入分析,从而揭示里仁洞村产业生态系统演化的动力机制。

第九章为主要结论与政策启示。本章在回顾本书的主要内容与观点的基础上,提出本书的主要研究结论,阐述其对政府政策和淘宝村实践的启示,最后提出未来进一步研究的方向与展望。

三、研究方法

(一)文献收集法

充分利用图书馆资源、知网资源和 Google 学术资源等,大量阅读并收集国内外关于淘宝村、专业村、农村电子商务、产业集聚、产业生态系统等方面的相关文献,重点是从演化理论的视角出发,审视并学习相关文献,探讨其研究的思路、方法、过程和结论,借助并完善已有的演化模型和基本原则,理解淘宝村的时空演化过程与空间集聚现象。在整合产业集聚、演化经济地理学的相关理论的基础上,对淘宝村的时空演化、产业生态系统演化机制进行探究,用于解释以淘宝村为代表的农村电子商务产业集群的空间演化问题。

(二)空间分析法

本书将基于 2014—2018 年广州市的淘宝村名录,通过百度 API(应用程序接口)获取各个村落的经纬度信息,并导入广州市的矢量地图进行空间分析。利用 ArcGIS 的可视化功能,主要采用平均最近邻分析法、标准差椭圆法、核密度分析法、空间自相关分析法、多距离空间聚类分析法等方法,总结 2014—2018 年广州市淘宝村的空间分布与集聚特征。

(三)案例研究法

作为一种十分重要的社会科学研究方法,案例研究方法可以在数据和样本有限的情况下,深入地对问题进行逻辑分析。以下几种情形适合运用案例研究方法:一是研究主题宽泛,并且包含丰富的背景性条件时;二是研究是建立在多重而非单一的证据来源时;三是当研究的问题涉及"如何"和"为什么"时;四是研究焦点为一个真实生活中的正在发生和变化着的客观现象时。本书将对单个淘宝村的内部时空以及产业生态系统演化展开研究,属于现实生活背景之下的不断变化的现象,涉及丰富的背景性条件、多重的证据来源,以及"如何"和"为什么"等问题,因而适合采取案例研究的方法。本书将选取广州市里仁洞村作为单个淘宝村的案例,展开细致深入的研究。

(四)半结构式访谈法

半结构式访谈方法属于质性研究方法之一,本书中半结构式访谈方法用于了解淘宝村的发展历程。首先设计访谈提纲,对淘宝村行政管理人员、本地村民和一开始就在该村经营网店的外地网商进行访谈,通过对访谈记录的转录,梳理出里仁洞村由一般性乡村发展成为淘宝网商集群的专业性乡村的历程,并对其发展过程进行阶段划分,从中提取出影响淘宝村形成的主要因素,为模型的建构筛选变量,为发展动力机制的分析提供支撑。

第二章　相关概念、基本理论和研究综述

第一节　相关概念

一、淘宝村的概念界定

（一）淘宝村概念的缘起

众所周知，淘宝网是阿里巴巴集团旗下的综合电子商务平台，伴随着我国电子商务的快速发展，淘宝网也迅速崛起，成为我国最大的综合电子商务平台，根据 eMarketer 公布的《中国零售和电子商务报告（2018）》，阿里巴巴在零售电商领域占据的市场份额达 58.2%。随着农村地区信息化建设的不断推进，农村网民迅速增加，利用第三方电子商务平台开展产品销售、自主创业，成了新时期农民生产生活的新方式，在第三方电子商务平台开设网店的农民日益增多，农民成为电子商务行业的新生力量，农村地区也逐步形成了电子商务产业集群。而作为中国最大的电子商务平台，淘宝网成了众多农民开设网店的首要选择。

"淘宝村"一词便是对电子商务在农村地区集聚现象的一种描述，它最早出现在 2009 年一篇关于江苏徐州市睢宁县沙集镇东风村的报道中。然而，当时对淘宝村发展的关注相对较少，仅仅将淘宝村作为中国特色农村电子商务集群带典型代表进行探讨，并未有针对淘宝村概念与内涵的明确界定。直到 2014 年，国家层面对农村电子商务高度重视，农业部开展了"信息进村入户"工程，计划在北京、辽宁、吉林等 10 个试点省市建成一

批村级信息服务站。国家商务部推出了"电子商务进农村"的示范计划,决定 3 年内在全国创建一批具有典型带动作用的示范县。一方面,阿里巴巴、京东、苏宁等电子商务平台不断向农村地区拓展市场,纷纷推出各自的农村电子商务计划,如阿里巴巴集团的"千县万村"计划提出要在 3~5 年内建立一个覆盖 1000 个县、10 万个行政村的农村电子商务服务体系。在国家和电商巨头的双重推动下,淘宝村得到井喷式发展,阿里研究院也开始每年公布《中国淘宝村研究报告》,其中明确提出了淘宝村的定义与认定标准,并随之公布各地淘宝村名单。作为我国特色农村电子商务产业集聚的典型代表,学术界也开始广泛关注淘宝村现象,对淘宝村的研究与探讨日益增多,2013 年起有关淘宝村的论文发表量迅速增加,至今"淘宝村"的说法与概念也逐步得到了学术界的认同。

(二)淘宝村的定义与标准

目前,为了确保研究对象的明确性,并保持与同行学者、读者对话一致,社会各界对淘宝村的研究与探讨,大部分都是以阿里研究院于 2014 年在《中国淘宝村研究报告(2014)》中提出的定义为准,并且淘宝村的认定标准与入围名单均以阿里研究院官方公布的报告为准。根据《中国淘宝村研究报告(2014)》,淘宝村指的是大量网商集聚在某一个村落,并以淘宝网为主要交易平台,依托于淘宝电子商务生态系统,形成规模与协同效应的网络商业集群现象。阿里研究院对淘宝村的认定标准主要包括交易场所、交易规模、网商规模三个方面(见表 2-1)。

表 2-1 淘宝村认定标准

标准条目	具体要求
交易场所	经营场所在农村地区,行政村为单元
交易规模	电子商务年交易额达到 1000 万元以上
网商规模	本村活跃网店数量达到 100 家以上,或者活跃网店数量达到当地家庭户数的 10% 以上

资料来源:阿里研究院《中国淘宝村研究报告(2014)》。

由此可见，淘宝村通俗理解即为大量网商聚集其中，依托淘宝电子商务运营平台开展线上零售商业活动，并由此产生产业集聚的乡村。

（三）淘宝村的内涵与特征

从本质上来看，淘宝村是电子商务在农村地区的产业集群现象，是伴随着信息化的不断深入而产生的。在信息化的带动下，城市不再是连接全球生产网络和地方产业集群的唯一空间载体，借助电子商务平台，农村地区也得以获取全球客户资源，参与全球产业分工。可以说，淘宝村是信息化时代的农村发展新模式。农村互联网的大规模普及给农村带来了前所未有的机遇，促进了人力资源、信息资源、金融资源的再分配，缩小了城乡差距。淘宝村的主体主要是 C2C 网商，包括个人、家庭与微小企业，经营的资本主要源于自有资金和民间借贷。农村电子商务的生产组织方式比较多样化，既有基于本地自然禀赋和产业基础的产品导向模式，也有以满足市场需求而发展的市场导向模式。

与以往乡镇企业带动农村工业化不同，淘宝村的发展模式具有以下几个特征。

1. 地域分布广泛

淘宝村的形成主要得益于全球化和信息化。信息技术以及现代交通基础设施的迅速发展与完善，弱化了区位和时空条件对资源配置的限制。网商对空间区位的选择更加灵活，网商的选址不必再局限于中心城区，即使是处于偏远地区的村落也有可能抓住全球化和信息化的机遇，从而形成一个淘宝村。尽管我国淘宝村仍高度集中于东部沿海地区，但近年来随着"互联网＋"的大力推进以及中西部农村地区信息与交通基础设施的改善，中西部的淘宝村发展也开始进入加速期。目前，淘宝村已经广泛分布于我国的 18 个省（市、区）。

2. 自组织性

淘宝村的发展遵循了典型的自下而上的路径，其发展基础便是规模庞大的农村网商群体。在淘宝村的形成与发展过程中，个人因素，甚至偶然性因素起到了重要的作用。《淘宝村研究微报告 2.0》中明确指出"优秀的电子商务带头人，在淘宝村的形成过程中起到了重要的启蒙和催化作用"。我国农村地区是典型的"熟人社会"，优秀的电子商务带头人会形成示范效应，周边亲友、邻居会自发向其学习，利用以淘宝网为代表的第三方电子商务平台进行自主创业。可以说，淘宝村是基于村民自觉的自主创业行为，源于无组织的集体行动。目前，农村青年返乡就业、大学生回乡创业已经成为淘宝村的新潮流，阿里研究院发布的最新数据表明，2017年全国淘宝村的卖家平均年龄为33.7岁，其中30岁及30岁以下的年轻人占比51.8%。

3. 基础设施依赖性

上文提到淘宝村的迅速发展，主要得益于全球化、信息化，可见淘宝村的发展还依赖于互联网、交通等基础设施的建设，这是淘宝村形成的先决条件。首先，农村地区的信息基站、宽带接入、光纤接入、无线覆盖等建设是淘宝村形成与发展的先决条件，只有夯实了互联网基础设施的建设，农民才能接入互联网，提高应用信息化的能力。其次，物流运输体系直接影响着电子商务货物收发的效率，而道路交通基础设施又是物流运输体系的关键组成部分。我国农村大多区位交通条件较差，加上村落分散不集中，尤其是部分农村地区处于山地、丘陵等地形，在自然条件上就阻碍了物流仓储的发展，加大了物流配送成本。因此，淘宝村的形成与发展依赖于高效的物流运输体系以及道路交通条件的改善。

4. 类型多样

中国地域广袤，地理环境与产业环境的不同，孕育出不同类型的淘宝村。淘宝村的发展表现出多样性的特征，从不同的角度出发，淘宝村的类型有多种划分方式（见表2-2）。

表2-2 淘宝村类型划分的主要方式

划分依据	主要类型
产业特色	农贸型、工贸型、纯贸易型
产品类型	农产品、工业产品、手工艺产品
空间区位	城市边缘、城镇近郊、独立发展

续表 2-2

划分依据	主要类型
网商参与角色	自产自销、订单+网销、自产+多平台网销、共生
发展成因	依托专业街区型、依托专业市场型、依托产业园区型

资料来源：根据南京大学空间规划研究中心、阿里新乡村研究中心发布的《中国淘宝村发展报告（2014—2018）》以及林娟博士论文《区域发展新模式：浙江省农村电子商务集群演化研究》整理而得。

5. 流动性强

淘宝村的发展流动性大，具有很强的不稳定性。根据北京大学中国社会与发展研究中心和阿里研究院 2012 年发布的《谁在开网店》报告，淘宝卖家普遍具有以下特点：店家规模小（近 50% 没有雇佣员工）、经营规模小（超过 50% 为小规模经营）、开店时间短（平均开店时间少于两年）。尽管近年来淘宝村的部分网商开始向企业化的方向发展，但是受到信誉等级、销售量、人气值等因素的影响，新晋电商与成熟电商相比、小型电商与大型电商相比均无法体现其优势。因此，在淘宝村中，往往存在着新晋网商、小型电商等由于缺乏竞争力而退出或被淘汰的现象。此外，淘宝村中还存在着大型网商受限于发展空间而向城市或产业园区转移的现象。《中国淘宝村研究报告（2015）》指出受限于农村土地政策、农村房屋流通性差、房屋结构不合理等因素，农民卖家的物理发展空间弹性差，影响了卖家的运营效率与仓储能力，这种现象在几乎所有的淘宝村都普遍存在。可以说，淘宝村确实孕育了大量的农民网商，但真正的大型网商、成熟网商还较少。与产业集群相比，淘宝村更类似于孵化器，一方面，不断吸引新的农村电商入驻维持或加强集聚效应；另一方面，难以留住大型网商，从而导致其流动性强。

二、其他相关概念

（一）农村电子商务

农村电子商务是电子商务在农村地区的具体应用，是从地域维度上定义的概念，与其相对应的概念是城市电子商务。目前，电子商务仍是一个全新的、正在发展中的概念，国际上尚未就电子商务形成一个一致化的定义，如《中国电子商务蓝皮书（2001）》对电子商务的定义是通过互联网完成的商务交易，欧洲电子商务会议则将电子商务定义为一种通过电子方式进行的商务活动。总体而言，大家都认为电子商务是依托于现代互联网技术开展的电子化商务活动。

尽管农村电子商务与城市电子商务是从地域维度出发所产生的概念，但这两个概念并非完全独立，它们存在着部分交集。根据电子商务交易双方所处地理位置的不同，农村电子商务可以分为两种情况：一种是电子商务交易双方都在农村地区，即"农村—农村"型电子商务活动；另一种是电子商务交易主体一方在农村，一方在城市，即"农村—城市"型电子商务活动，此时既可以算是农村电子商务，也可以归入城市电子商务。从涉及行业领域来看，农村电子商务不仅包括农村地区的农业电子商务，还包括农村地区的工业和服务业领域的电子商务，是农村与外部的双向流通。

（二）专业村

专业村，又称特色村，其概念缘起为"一村一品"的发展模式。"一村一品"运动最早起源于日本，20世纪70年代末，日本大分县倡导发起了"一村一品"运动，并取得重大成果，随后"一村一品"逐渐传播扩散到东亚以及东南亚的一些国家。我国"一村一品"的概念也起源于日本，随后，我国社会各界便较多地运用"专业村"这一概念。2010年，农业部发布了《农业部办公厅关于开展一村一品专业示范村镇认定工作的通知》，农业部关于专业村的认定标准为：

（1）主导产业突出。专业村主导产业产值占全村经济总量的70%以上，从事主导产业生产经营活动的农户占专业村总农户的比重为60%以上。

（2）标准化程度高。主导产业产品符合农产品质量安全标准，专业村标准化生产规模（种植面积、养殖量、水面面积等）占主导产业规模的60%以上。

（3）组织化水平高。专业村建有农民专业合作组织，入社农户占专业村从业农户的比重为60%以上。专业村与龙头企业或专业批发市场有效对接，实行订单生产的产品产量占主导产品产量的60%以上，拥有一批专业大户和农村经纪人。

（4）市场影响力大。专业村主导产品有注册商标产品、地理标志保护产品或知名品牌产品。通过无公害、绿色或有机农产品认证的基地规模占专业村主导产业的比重为60%以上。

（5）农民增收效果显著。专业村农民人均纯收入高于所在乡镇农民人均纯收入20%以上。

（6）持续发展能力强。专业村重视特色产业发展，技术服务能力较强，培养了一大批农村实用人才和科技示范户，农民自我发展能力强，管理制度健全，财务管理规范。

很多学者也从学术层面对"一村一品"现象进行研究与探讨，并对专业村的内涵进行了延伸与拓展。陈建胜认为，专业村是社会化大分工背景下形成的，专业村可以作为一个个相互关联的行业或专业的连接点。他对专业村的定义，不仅仅限于一个村子内部，可以是相邻的几个村落，而从经济活动来看，在专业村内，大部分村民从事的是相同或相似的经济活动，并且这种活动所产生的产品或行业在一定区域范围或行业内具有一定的知名度。李小建从产业和产品标准、收入标准及组织形式3个方面分析了专业村的概念，认为专业村是在一个农村范围内的大部分农户，生产一种或多种相互关联的生产或服务活动。在此基础上，他初步归纳出专业村形成发展的三定理：一是农户的企业家精神；二是村庄的区位、资源禀赋、历史传统等，这决定着专业村的类型；三是区域的政策、市场等环境，这决定着专业村的数量和规模。

三、相近概念之间的辨析

（一）淘宝村与农村电子商务

从本质上来说，淘宝村是一种农村电子商务集群现象。然而，跟农村电子商务的概念相比，淘宝村的概念范畴相对较小。当前，淘宝村仅仅用于描述以淘宝网为主要交易平台的农村电子商务集群。然而，在实际发展中，我国还存在着其他形式的农村电子商务平台，包括京东、苏宁易购、云集、拼多多、美菜网等，基于这些农村电子商务平台也会形成一定的电子商务产业集群现象。只是以现阶段的情形而论，以淘宝村较为典型。同时，淘宝村的统计数据与分析资料较为健全，较利于社会各界开展相关研究。

（二）淘宝村与专业村

作为电子商务产业在农村地区的集群现象，淘宝村可被认为是专业村的一种新类型，本质上具有专业村的一般特性。而与一般专业村不同的是，淘宝村是"互联网+"农村的典型代表，是一种新型的"线上产业集群"，具备以下几点优势：

（1）电子商务平台直接将农户与消费者联系起来，减少了中间成本。农村各类要素与网络直销模式的结合，使淘宝村的发展具备成本上的优势。

（2）通过互联网而培养的消费者导向意识，以及农户"船小好调头"的特点，使淘宝村具备更强的经营灵活性。

（3）相当一部分淘宝村选择的是非热门领域的"蓝海"市场，即互联网的长尾市场，更容易获得成功。

第二节 相关基础理论

一、产业集群理论

淘宝村本质上是一种电子商务产业在农村地区的集群现象，其发展可以借鉴产业集群的相关理论进行解释。自 19 世纪 90 年代以来，学界对产业集群现象进行了大量的探讨，至今已形成了若干经典理论。

（一）马歇尔产业区理论

在通过对 Sheffield 的刀具产业和 West Yorkshire 各种毛纺织区的观察，马歇尔（Marshall，1890）提出了"产业区"的概念。他所谓的"产业区"可以被认为是一种不用于大企业的新的产业组织模式，可以理解为大量具有专业化分工联系的小型企业的地理集中。可以说，马歇尔是最早对集群现象进行系统性研究的学者。马歇尔还对"产业区"的产生如产业集群现象的形成进行了解释，他认为，从事相同活动或者相互关联的小型企业之所以在特定区域内集聚，主要源于地方化经济（Localization Economics）。解释为：第一，特定区域内，从事相同生产活动或相互关联的中小企业集中在一起能够产生地理接近的优势，这种优势的关键在于可以降低成本，这个成本包括运输和交易的成本，也包括降低技术型劳动力的搜寻成本和转换成本。第二，集聚可以使中小企业之间在进行专业化分工的同时，而不损失生产效率。企业专业化于某一产品或某一特定的任务与工序，能够以不同的方式生产最终产品，从而寻求更高效率的生产方式。同时，专业化分工使企业可以向用户提供多种产品，从而产生多样化经济。第三，产业集群可以促进知识和技能的传播，从而刺激创新的产生与企业家精神的形成，并有助于初创企业快速融入相互依赖的地方生产系统，形成必要的市场机会。

由此可见，产业区中集聚的产生，不仅有助于发展地方化经济，创新创业环境与知识的产生与传播，也有助于产业区的形式与产业集聚。马歇尔强调产业与地方社会环境具有不可分割性，并认为基于地方社会所形成的社会规范和价值，对创新的产生与企业家精神的形成起着关键作用。一方面，地方社会经济的相互依赖性、社会的熟悉性和面对面的交流，方便信息与知识的流动，从而推动共有知识与相互信任形成，有助于降低地方生产系统的交易与沟通成本，推动经济主体之间的信息共享、交流沟通与知识传播。另一方面，基于地方社会所形成的特定的"产业氛围"（Industrial Atmosphere）也十分重要。这种"产业氛围"是特定区域内的"公共物品"，既包括由于企业间劳动力流动而产生的模仿文化、在特定细分市场上吸引顾客和贸易伙伴的区域声誉等与产业密切相关的文化氛围，也包括基于自助、创新精神和地方归属感的生活道德伦理。这些区域特殊的"公共物品"，是推动劳动技能，特别是意会知识和技能的形成与转移的重要影响因素，有助于促进创新、创新合作和创新的扩散。可见，马歇尔所定义的产业区和集聚经济，一开始就具有社会与地域有机整合的特征，空间接近和文化的同质性构成了产业区形成的两个重要条件。

（二）新产业区理论

Becattini（1978）受到意大利中部和东北部一些产业集群的启发，提出"新产业区"（New Industrial District）的概念。新产业区指的是具有共同社会背景、以网络形式存在的中小企业所形成的"社会地域生产综合体"，表现出社区和企业有机融合并相互依存的特征。在继承马歇尔产业区理论的基础上，Becattini认为，马歇尔式产业区具有以下几方面的特性：

（1）在相对一致的价值观念与思想的影响下，地方社会可以共享相同的知识，并形成一定的信任，这种知识与信任可以在整个区域内扩散，并通过家庭、教堂、学校、政党或企业等组织进行代际传播。

（2）产业区内众多企业可以在同一产业的不同环节或同一生产活动的不同阶段进行专业化分工，并且相互之间具有密切联系。

（3）产业区内部存在着显著的外部经济，这些外部经济源于大量具有相似特征的小型企业在特定区位的集中或产业的地方化。

（4）专业化分工与地方化经济使新产业区内部产业环境优良、创新氛围较好。一方面，高度的专业化、空间接近与文化的共同性，有助于创新和技术的快速扩散；另一方面，大量熟练工人和专业人员的集中，有利于降低劳动力获取成本，并且促进了知识的交流与相互学习。

与 Becattini 相类似，Garofoli 提出了"系统区"（the System Area）的概念。他认为，系统区可以作为高度分工与专业化紧密结合的中小企业集聚区的分析单元。Garofoli 还指出，"系统区"主要布局在边缘地区，具有专业化、熟练工人的高可获得性、高密度的面对面交流与高度的社会流动性等特征。同时，Garofoli 强调外部或内部条件的变化会造成系统区的危机以及系统区结构的激烈变化。

自此，新产业区的集群现象开始引起众多学者的关注和研究，例如，Piore 和 Sabel（1984）合作出版的《第二次产业分工》，则基于意大利、德国（西）以及日本的经验研究，提出"弹性专业化"的概念。他们运用历史社会学的方法，分析了 20 世纪七八十年代工业化国家福特主义标准化大规模生产体制的危机，认为资本主义正逐步向后福特主义弹性专业化生产体制转型。他们极力推崇意大利基于专业化的、技术先进的中小企业空间集聚的工业发展模式，并对这种弹性、专业化的发展模式进行了深入的阐述与解析。著名学者 Scott（1988）也提出类似观点，认为新产业区的形成本质上是小而美的弹性灵活生产方式对大批量的刚性生产方式的替代性产物。

（三）产业集群的交易费用理论

交易费用理论是现代产权理论的基础，由著名经济学家罗纳德·科斯（Ronald Coase）于 1937 年在《企业的性质》一文中首次提出。1975 年，威廉姆森出版了《市场与科层》一书，随后，其又在 1985 年出版了《资本主义经济制度》一书。在这两本书中，威廉姆森提出了交易费用的分析方法，并且提出了"中间性体制组织"的概念。威廉姆森认为产业集群是介于纯市场组织和纯层级组织之间的组织形式。所谓的"中间性体制组织"指的就是产业集群。随后，交易费用理论开始被应用于解释产业集群现象的形成机理。在交易费用理论看来，产业集群是基于专业化分工和协作的众多企业集合起来的组织，这种组织结构是介于纯市场组织和纯科层组织之间的中间性组织，它具有较市场组织稳定、较层级组织灵活的特点。产业集群现象之所以会形成，本质上是由于它有助于降低不同产业主体之间的交易费用，反过来讲，产业集群能够降低交易费用，因而为分工深化提供了更大的空间。

（四）竞争优势理论

1990年，波特出版了《国家竞争优势》一书，并提出产业集群的概念。波特从竞争力的角度对产业集聚现象展开了研究，他将产业集群界定为地理上集中、业务上相互联系的一群企业及其相关支撑体系的集合。波特认为产业集群是获得一国竞争优势的重要途径，他创造性地提出基于六大因素的钻石模型，并认为一个地区产业集群的竞争力与6个相互关联的因素有关，这6个因素分别为要素条件、需求条件、相关产业和支持产业、企业的战略、结构和竞争以及政府和机遇。正是这6个要素的相互作用形成了产业集群的竞争力。波特指出产业集群从3个方面影响竞争力：一是提高区域企业的生产率；二是指明创新方向和提高创新速率；三是促进新企业的建立，从而扩大和加强集群本身。波特的竞争优势理论认为，产业集群一旦形成，企业数目达到最初的关键多数时，就会触发自我强化的工程，而新的产业集群最好是从既有的集群中萌芽。

（五）克鲁格曼的产业集群理论

克鲁格曼是新经济地理学的代表学者，他正式把空间思想引入了经济分析，是马歇尔以后第一个把区位问题同规模经济、竞争、均衡这些经济学研究的问题结合在一起的学者。1980年，克鲁格曼发表了《规模经济、产品差异和贸易模式》一文，引入了"运输成本"的概念，并假定运输成本是运输量的一个比例，并以此严格分析了"本地市场效应"，从而揭示了企业空间集聚的一大动力来源，从需求角度解释了一国在某些特定产品的生产上具有优势的原因。1991年，克鲁格曼发表了《收益递增与经济地理》一文，提出了一个"中心（制造业）—边缘（农业）"的两地区、两部门模型，在垄断竞争与规模经济的假设下，采用一般均衡的方法解释了消费者（在克鲁格曼的研究中，工人具有消费者和生产者的双重角色）和厂商的区位选择，从而把空间问题正式地带入了主流经济学的殿堂。克鲁格曼两地区、两部门模型的核心结论是：当贸易自由度很低时，生产和人口呈现出均衡分布的格局，当运输成本下降到某个临界值时，工业人口的迁移与生产向某一地的集聚，会促使制造业集中于同一区域，并不断加强循环累积效应，最终形成工业中心区域和农业边缘区域这种稳定的"中心—边缘"空间结构。克鲁格曼的两地区、两部门模型成功地将空间和地理因素与主流经济学有机融合，并清晰地讨论了产业集聚机制。克鲁格曼从理论上证明了工业活动倾向于空间集聚的一般趋势，如贸易保护、地理分割等原因。他指出产业集聚的空间格局可以是多样的，特殊的历史事件起了很大作用。克鲁格曼还认为产业集群的形成是具有路径依赖的，而且空间集聚一旦形成，就会自我延续下去。

二、演化经济地理学理论

20世纪80年代，社会学界从达尔文的生物进化论得到启发，将生物基因演化的理念运用到人类文化和社会的演化过程中，并取得了显著的进展。20世纪90年代，演化思想的风潮在经济学界也掀起了波澜。经济地理学界借鉴了演化经济学的理论与方法搭建了新的理论框架与研究思路，推动了经济地理学的"演化主义转向"。基于历史视角的演化经济地理学有助于将时间与空间要素联系起来，从而揭示经济活动空间分布的渐进演化机制。演化经济地理学主要建立在4个基本假设的基础上：一是支持"有限理性"，二是动态性和过程不可逆，三是演化结果并非最优化，四是创新是自我转型的终极原因。演化经济地理学的理论来源主要有广义达尔文主义、复杂性理论以及路径依赖理论（如图2-1所示）。

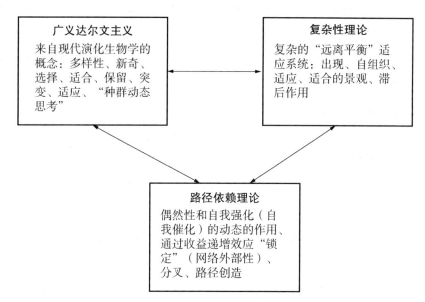

图2-1 演化经济地理学的基本理论框架

资料来源：让·博西玛、让·马丁《演化经济地理学手册》。

（一）广义达尔文主义

广义达尔文主义理论将达尔文进化论的多样性、选择性和保留性原则等概念引入经济学分析中。这些原则在经济领域与生物领域的性质和运作差异较大，但仍然可以用来解释经济系统演化的过程。演化经济地理学保留了广义达尔文主义中的多样性、选择性和保留性等核心原理，认为位于不同地理空间中的主体之间的竞争可能产生不同的经济区域。区域虽然不是一个选择单位，不过可以把它视为演化发生的选择环境。单个企业面对不同的压力，在一个或多个选择环境中竞争，并直接或间接地改变着环境。受地方政治经济环境、地方发展模式等的影响，区域特征，或者空间选择环境的形式会随时间演化。基于广义达尔文主义的演化经济地理学理论声称，演化经济地理学应集中于单一区域中一群主体的演化，以及可能影响或不可能影响各个群体动态的不同区域的演化。

可以说，广义达尔文主义是将演化生物学中的多样性、选择性和保留性运用在经济地理学的研究中，用来解释经济活动的演化过程，探讨异质个体或种群如何通过彼此之间的相互作用和与环境的相互作用而进行演变。演化经济地理学中的广义达尔文主义的内容主要来自现代演化生物学的概念，包括多样性、新奇、选择、适合、保留、突变、适应和"种群动态思考"。

（二）复杂性理论

复杂性理论认为系统内部微观主体之间的相互作用产生了复杂性现象，构成了系统演化的根本动力。复杂适应系统尚且没有统一的定义，具有复杂性和不确定性的特征。在这个系统中，各个组织成员具有一定的适应性，并能与其他成员和环境进行相互作用，在这个过程当中学习并积累经验，以改变自身的结构和行为方式来适应新的环境和系统。复杂性理论中的自组织、出现和适应等概念被引入演化经济地理学，用来解释经济体空间的出现（特定空间）、变化、兴衰、适应能力等问题。演化经济地理学中的复杂性理论主要参考复杂的"远离平衡"适应系统，关注多样化的创造，提出复杂系统是由集群及其所处的环境所组成的一个生态系统，系统中的主体间相互联系，通过物质、能量和信息的交换，获得进化发展。

（三）路径依赖理论

20世纪80年代以来，路径依赖理论为区域发展模式的动态分析提供了新的灵感。David（1985）首先提出了路径依赖的概念，经过Arthur等人的发展，路径依赖理论被广泛应用在技术、经济和制度变迁的研究中。演化经济地理学认为技术创新、制度变迁和经济结构调整都在一定程度上遵循了路径依赖的原则。演化经济地理学中的路径依赖理论内容包括偶然性和自我强化（自我催化）的动态的作用、通过收益递增效应"锁定"（网络外部性）、分叉和路径创造等。路径依赖的演化理论从历史的维度解释经济增长，强调偶然性、自我强化和锁定的重要作用，认为经济系统并不趋近于单一均衡状态，而是一个开放的系统，其演化依赖于系统过去的发展路径，即使是新路径也是源于已有路径的发展。演化经济地理学基于认知邻近性开展了区域产业发展的路径依赖探讨。技术关联也被广泛用于解释新技术、新产品、新产业和新集群的产生。

第三节 国内外研究综述

一、淘宝村研究

（一）国内淘宝村研究

虽然我国农村电子商务发展起步较早，但是淘宝村的概念是近几年才出现的。可以说，淘宝村现象是我国农村经济社会发展的新生事物。虽然自产生起到现在，淘宝村作为一种新经济地理现象，已经得到了我国众多学者的广泛关注，学术研究成果也迅速增多，但就现阶段而言，我国淘宝村的相关研究仍处于起步阶段。国内对淘宝村的研究，最早可追溯到2010年，由中国社会科学信息化研究中心与阿里研究中心（现为阿里研究院）合作开展的一项专门针对江苏省睢宁县沙集镇（以东风村为主）的调研课题。该课题对沙集镇淘宝村的发展模式展开了研究。阿里研究院还于2014年起，每年对外发布该年度的《中国淘宝村研究报告》。与此同时，我国众多学者也对单个淘宝村、淘宝镇的形成与发展，以及不同空间尺度的淘宝村分布与发展展开了研究。截至目前，国内学者关于淘宝村的研究，主要集中在淘宝村的发展特征与模式、淘宝村的形成过程与机制、淘宝村的空间分布格局、淘宝村的经济社会效应等几个方面。

1. 淘宝村的发展特征与模式

早在提出淘宝村概念的同时，阿里研究院便对淘宝村的发展特点进行了概括，指出农民网商占据主导地位、集群性、协同性是淘宝村的主要特点。许多学者也归纳总结了淘宝村的发展特征，包括自发性、协同性、在线化、弱路径依赖性、复制性等。张作为（2015）认为淘宝村是一种电商产业集群的表现形式，其电商产业集群表现出自发性、协同性、在线化和复制性等特征。刘亚军等（2016）通过对第一批淘宝村的研究，指出淘宝村的大多数创业者都采取"互联网+农户+公司"的模式。此后,刘亚军、储新民(2017)进一步指出淘宝村具有独特的系统性特征,具体体现为自组织性、变异彻底性、弱路径依赖性;淘宝村的发展实质是通过农户进行电子商务创业,以商业模式的创新及裂变复制带动区域生产关系的变革。毛锦庚(2018)则认为在自组织性特征下,淘宝村具有极强的自我进化与主动适应能力。

众多学者从不同的视角出发,对我国淘宝村的发展类型与模式进行了划分。王燕等(2016)利用组织生态学的相关理论把阿里研究院提供的14个淘宝村案例分为了 g 战略型淘宝村、k 战略型淘宝村和"S+r"战略型淘宝村3种类型。郭承龙(2015)指出,根据不同的划分标准,淘宝村农村电商模式分为不同的类型。如根据村落主营产业发展,可分为自组织模式和产业再造模式;根据资源依赖性,可分为资源型产业模式和特色产业模式等。然而,他认为这些模式都存在一定的局限性,因此在以往模式的基础上提出了农村电商模式的共生结构,将农村电商模式重新划分为寄生模式、非对称模式、偏利模式、对称模式和一体化模式等。陈宏伟、张京祥(2018)认为淘宝村就是具备复合功能的乡村,主要分化为3种不同的功能复合类型,分别为商贸、"商贸+农特产品"生产以及"商贸+工业产品"生产。范轶琳等(2018)从创新资源禀赋和创新驱动主体两大维度出发,对淘宝村包容性创新模式进行了划分,认为淘宝村包容性创新具有模式Ⅰ自发驱动型、模式Ⅱ自发培育型、模式Ⅲ政府培育型、模式Ⅳ政府驱动型4种类型。白冬冬、孙中伟(2019)认为淘宝村符合由2种空间形态、2种流态和5种主体构建的网络购物空间组织模式框架,从空间组织出发,淘宝村可划分为自产自销、村内生产、一般村外生产、村外生产与专业市场结合4种类型。

2. 淘宝村的形成过程与机制

作为我国特有的乡村地区产业集群现象,众多学者对淘宝村的形成过程、要素条件和演化机制等均产生了浓厚的兴趣,展开了一系列研究。张灿(2015)基于"淘宝第一村"——义乌青岩刘村的案例研究,指出淘宝村每个阶段的关键动力因素是不一样的,随着产业集群的形成,关键动力逐步由"比较优势+创业者自身条件"向"规模经济+社会网络",进而再向创新因子转变。曾亿武等(2015)基于东风村和军埔村两个案例研究了淘宝村的形成过程,构建了一个"两阶段、五环节"的演化模型,并提出淘宝村形成需要建立起一个由网商、原料商、生产商、网批商、服务商、电子商务协会及社会环境共同构成的共生进化系统。王燕等(2016)指出淘宝村诞生的推动力和客观条件具有高度相似性,并将其概括为4个方面:优越的地理位置和交通条件、良好的商业传统与经商文化、具有产业转型的迫切需求、具有互联网思维和时代感的优秀企业家。刘亚军、储新民(2017)指出淘宝村的成长过程具有很强的内生性,从遗传(复制)、变异与选择3个方面构建了淘宝村产业演化的基本机制,具体而言,企业家精神是内生动力因素,技术与商业模式创新交替升级是产业演化变异的根本推动力,农民网商线上线下相结合的"双网学习"促使淘宝村裂变式地传播,充分的竞争与合作所形成的市场选择机制使淘宝村产业得以快速演进。他们还指出淘宝村的产业演化主要经历了萌芽阶段、裂变式扩张阶段、产业集群式发展阶段3个阶段。辛向阳(2017)提出淘宝村形成的"六边形"模型,指出淘宝村的形成受到社会网络、规范经营、开创者、地方优势、基础设施和政府支持6个因素的影响。王慧英(2018)以北山村为例分析了内生式淘宝村的形成过程,认为没有产业基础、落后偏远的农村要发展为淘宝村,其所需的必要条件包括偶然事件、路径依赖、电子商务和物流体系支撑,特别强调政府要为农村电子商务和物流业发展提供必要的引导和支持。毛锦庚(2018)认为,在"互联网+"背景下,淘宝村的发展动力包括初始动力、突破动力和发展动力,其中初始动力是产业基础,突破动力是"互联网+"平台,发展动力是网商群体。

部分学者还十分关注某个因素在淘宝村形成过程中的作用。崔丽丽等(2014)基于对浙江省丽水市淘宝村商户调查数据的分析,发现邻里示范、社交示范、网商协会组织等社会创新因素在淘宝村的形成过程中发挥着重要的积极作用。李育林、张玉强(2015)以军埔村为例,探析地方政府在淘宝村发展过程中的职能作用。梁强等（2016）研究了社会关系网络在淘宝村创业集聚现象形成过程中的作用，指出社会网络有助于有效识别创业机会、激发创业动机、提供创业资源并促进创业机会的扩散。曾亿武、郭红东（2016）以军埔村为例探索电子商务协会的作用，发现电子商务协会有助于谋求主动性集体效率并弥补政府的有限理性。

此外，千庆兰等（2017）对淘宝镇的发展特征与形成机制展开了研究，他们选取广州新塘镇作为案例，认为淘宝镇的形成是区位条件、产业基础、社会网络以及政府引导等多重影响因素共同作用的结果。

3. 淘宝村的空间分布

淘宝村已经成了我国全国范围内的电子商务产业集群现象，众多学者从全国、省域、市域等层面对淘宝村的空间分布特征展开了研究，对空间集聚格局进行了测度。在空间集聚测度方面，使用的方法主要包括最近邻距离方法（或平均最近邻法）、标准差椭圆方法、核密度分析法、空间自相关分析方法等。朱邦耀等（2016）从全国、省域及市域、县域3个尺度出发，测算了2014年淘宝村的空间集聚态势。他们指出宏观层面上我国淘宝村呈现组团状分布特征，并具有沿南北方向扩散的特征；省域层面上呈现出多中心的分布形态，主要集聚核心区域有苏南聚集区、浙中聚集区、闽东南聚集区以及珠三角聚集区4个；县域层面上淘宝村具有空间正自相关特征。他们还指出影响淘宝村空间集聚的因素主要为商业文化传统、"专业村"的互联网化、邻近示范效应、产业集群化的协同效应以及社会组织的推动。单建树、罗震东（2017）通过研究测算，指出淘宝村、镇的空间分布极不均衡，具有明显的区域性集聚特征，并呈现出较为明显的北、中、南三大区域。此外，他们指出淘宝村、镇在空间扩散上呈现为一定范围内（县域）的"裂变式"增长状态，即新增淘宝村、镇多数出现在原本就较为集中的地方。赵军阳等（2017）探讨了全国、省域、市域3个尺度下中国淘宝村时空格局变化特征及趋势，指出淘宝村空间格局总体具有以"南北扩散为主，东西扩散为辅"的特征，淘宝村重心轨迹大致呈现"西北—东南—东北"方向走势，并且各尺度淘宝村均表现出集聚与扩散双向特征。付岩岩（2018）利用2017年的数据对淘宝村的空间分布情况进行分析，研究结果表明淘宝村整体呈现组团状集聚格局，集聚区域呈现地域梯度和连片化特征。

一些学者选取了特定的区域展开淘宝村空间分布研究。胡垚、刘立（2016）以广州市24个淘宝村为对象，分析广州市淘宝村空间分布的特征，指出广州市淘宝村主要集中在中心城区周边、常住人口密度与从业人口密度中等偏低的区域。在此基础上，他们进一步指出淘宝村的空间分布与工厂、批发专业市场、快递网点和廉价出租房源的分布高度相关。林娟（2018）指出，浙江省总体上存在浙北、浙中和浙东南三大中心的格局，在县域层面上，浙江省淘宝村的分布存在显著的不均衡特征，全面扩散与极化现象并存，内部差异正在扩大。黄祥（2017）探讨了泉州市淘宝村的空间集聚特征，他指出泉州市淘宝村呈现出多中心的分布形态，形成晋江市陈埭镇、永和镇、德化县尚卿乡3个高密度聚集区。

除了从区域层面对淘宝村的空间分布态势进行测度、分析以外，我国学者还对单个淘宝村的内部空间演化与扩散展开了研究与探讨。杨思等（2016）指出里仁洞村空间结构呈现出"核心—边缘"特征，在电子商务的影响下，里仁洞村的空间加速重构，在水平空间上呈现出"前店后厂"的特征，在垂直空间上形成独特的"上店下厂"和"上店下铺"的差异化空间。周嘉礼（2017）从社会空间的研究角度出发，解剖里仁洞村在"互联网+"时代的变迁过程，其研究结论与杨思等人的基本一致。辛向阳（2017）研究分析了大集镇的时空演变过程，指出大集镇淘宝村的空间格局经历了点状格局到"十字形"轴带格局再到局部面状格局的转变，空间扩散呈现出点状扩散—"十字"交通线扩散—局部面状扩散的特点。许璇、李俊（2018）研究了苏州4个不同类型的典型淘宝村的产居空间特征，他们认为在电商经济的影响下，淘宝村呈现出多元化的产居混合、产居一体化特征。

4. 淘宝村发展的经济社会效应

阿里研究院通过发布《中国淘宝村研究报告》，指出淘宝村具有明显的经济社会价值，具体表现为孵化出大批草根创业者，创造了大量的就业机会，促进了农村产业发展，帮助农村地区脱贫致富。然而，当前学术界对淘宝村所带来的经济社会效应研究仍较少，仅有部分学者在其研究中涉及这一方面。如陈宏伟、张京祥（2018）以流空间理论为基础，研究了淘宝村的复合功能转型，认为不同类型的淘宝村可持续性不同，商贸类淘宝村可持续性依赖于能否适时地根据市场需求提供相应的产品，"商贸+农特产品"生产类淘宝村具备较强的可持续性，而"商贸+工业产品"生产类淘宝村的发展面临着比较大的不确定性。曾亿武（2018）以江苏沭阳为案例，研究了农产品淘宝村集群对农户收入的影响。他认为电子商务给局部地区的部分农户带来了可观的增收，但也加剧了电商农户群体内部的收入不平等的程度，而导致电商农户增收差异的因素主要可分为资源性物质资本、受教育程度、社会资本投资和企业化转型4个方面。

（二）国外相关研究

根据阿里研究院的界定，淘宝村依托的电子商务平台以淘宝网为主。因此，在一定程度上可以说，淘宝村是我国特有的农村经济社会现象。目前，国外学者对淘宝村现象的关注仍较少，在国外文献中，涉及淘宝村的研究成果还很罕见。目前，国外有关淘宝村的研究并不是直接以淘宝村为对象来展开研究的，而是以淘宝村作为案例，来研究基于电子商务的产业集群现象，以及农村地区创新创业活动。相关研究成果也主要由国内学者与海外华人学者联名发表，或者与国外学者联名发表。

从本质而言，淘宝村是一种基于电子商务的产业集群现象。国外部分研究者也从产业集群、生产网络的角度，选取淘宝村为案例展开了研究，并分析了淘宝村的集群效应。Wang等（2015）研究了白牛淘宝村的形成与发展过程，指出白牛淘宝村的发展过程可划分为3个阶段：网商自发创业的缓慢发展阶段、得到平台企业支持的稳定发展阶段、得到地方政府扶持的快速发展阶段。在此基础上，他以白牛淘宝村为例，探讨了基于电子商务的农村产业集群供应网络是如何形成的，最终提炼出影响农村电商产业集群供应网络形成的4个关键性因素，分别是农村创业者、龙头企业、地方政府和淘宝平台。Guo 等（2014）以军埔淘宝村为案例，运用波特的钻石模型，研究分析了淘宝村的集群效应，发现网商的群聚能够创造巨大的外部经济，进而对产业绩效产生重要的促进作用。通过集聚的形式，网商能够共享知识的溢出、政府的扶持性资金、低风险的商业机会等有利的因素条件。

在农村地区的创新创业方面，Avgerou 和 Li（2013）以青岩刘村和东风村两个淘宝村为例，对社会嵌入性在农村电子商务创业活动中的作用进行了研究分析，指出网络平台上的经济活动同时嵌入线上的虚拟关系和线下的社区关系之中，这些关系由本地文化中的行为规范所塑造，并对行为规范产生反作用。Zou 和 Liang（2015）从大众创业的角度出发，研究了政府支持对农村电子商务创业集群发展的影响，并选取了军埔淘宝村为案例。他们指出就农村电子商务创业而言，政府的支持主要体现 4 个方面——创造创业条件、提升创业能力、激发创业动机和扶持创业活动。这 4 个方面的支持从本质上来看，又可以归纳成两大类：第一类是提供基础设施支持，第二类是降低创业壁垒。Leong 等（2016）认为淘宝村现象实质上代表的是一种基于信息沟通技术的社区驱动型农村经济发展模式，并通过对浙江省遂昌县和缙云县的淘宝村的案例研究，指出信息沟通技术引发了农村配送渠道的重新构造以及主体相互依存关系的重新配置，使知识、创新得以快速地传播。Cui 等（2017）认为社会创新是电子商务集聚发展的淘宝村与一般零散状态下农村电子商务之间的最大差异，淘宝村的社会创新包括农户个体间的知识溢出和集体组织的创新。他们还选取青岩刘村、遂昌县和北山村为案例，研究策略视角下的资源调配如何促进社会创新，认为影响基于电子商务的社会创新的不同资源组合模式都是可以实现的。

此外，国外学者也开始关注电子商务的兴起所产生的经济社会影响，如 Lin 等（2016）以军埔村为例，探讨电子商务的兴起对农村居民的价值认同、社区情感认同、日常生活节奏和日常活动空间等方面的影响。

二、产业集聚研究综述

产业集聚理论并不是一个全新的学说,早在 18 世纪,亚当·斯密的论著中已有所涉及,19 世纪初期产业集聚现象就已被学者发现并在其研究中出现,但国外大量的研究成果是在 20 世纪 80 年代以后才相继出现。归结起来主要有以下几方面的研究:产业集聚的界定、产业集聚的成因及演变机制、产业集聚效应、政府行为及地方政策与产业集聚等。

(一)国外产业集聚研究

1. 产业集聚的界定

Czamanski(1974)早在 20 世纪 70 年代就在其研究中提出了集聚(Cluster)的概念,对其进行量化研究并将集群与产业综合体进行比较分析。波特在其 1990 年出版的著作《国家竞争优势》中正式提出了产业集聚(Industry Cluster)一词。此后,产业集聚一词开始在学术界大范围地流行。波特(1998)认为,产业集聚是指一组在地理上相互靠近,业务上处于某一特定产业领域或与该产业领域密切相关,彼此之间具有共性或互补特征、相联系或者相关联的企业或组织。此后,经济合作与发展组织(OECD,1999)和联合国工业发展组织(UNIDO,2001)分别给产业集聚下了定义。

由于产业集聚现象涉及多个学科——地理学、社会学、经济学等,不同学派对产业集聚的理解都有不同的侧重点,因此,至今还没有一个公认的确定的定义。Rosenfield(1997)在论述产业集聚与经济发展关系的过程中将产业集聚定义为:企业为了共享劳动力市场、专业化基础设施和服务,从而形成地理位置的集中以及彼此之间的相互依赖和协作。Swann 等(1998)在其著作《产业集聚的动态:计算和生物技术的国际比较》中将产业集聚定义为:一群相关领域产业的公司在某特定地理区域的集中。Erik Braun 等(2001)在分析比较欧洲 9 个城市产业集聚动态时认为,产业集聚是一种专业化组织的多个公司形成的地方网络,各公司间生产过程密切联系，彼此交换并流通商品、知识以及服务。

从以上不同学者给出的定义可以看出，虽然对产业集聚的理解视角不尽相同，但基本内涵具有共性。综合来看，产业集聚应具有以下特征要素：空间集聚、基础设施共享、企业间互动、专业化分工、社会网络、知识溢出等。

2. 产业集聚的成因及演变机制

什么原因导致了集聚？哪些因素会对集聚产生影响？这些问题从集聚现象被发现开始，直到现在仍是该领域学者们不断研究的课题。从最初马歇尔的"外部规模经济"，到韦伯的"基于成本降低"，以及克鲁格曼的"空间经济理论"，他们均在寻找集聚产生的原因及其演变规律。在此基础上，众多学者又从不同角度对此问题进行了大量的分析和研究。

波特（Porter，1998，2000）从竞争的角度对产业集聚的成因进行阐释，认为产业集聚有利于提升企业、产业以及国家竞争力，因此，集聚是竞争造成的。Ciccone（2002）从产业经济的角度对集聚的成因进行研究，结果发现产业集聚既是高生产率的成因也是高生产率的结果。

随着对创新网络研究的兴起，创新网络论者认为，创新主体（企业）需要与相关知识源在地理上邻近，以便能够实现与其进行频繁的交互来获取隐性知识。因此，企业将倾向于与关键的互动学习对象实现地理上的邻近，并且这种邻近的需求随着学习难度或技术复杂度的提升而增加，这即是高新技术产业集聚的重要原因。

3. 产业集聚的效应

对产业集聚研究的重点一方面在于其产生的原因及规律，另一方面则集中于产业集聚产生的各方面的效应。目前针对产业集聚的效应，已有的研究成果大多集中于产业集聚对经济增长、投资及企业区位选择、企业创新等方面所产生的效应。

第一，新经济地理学将企业内部规模报酬递增、地理因素和不完全竞争纳入研究框架，对经济活动在地理上的空间集聚现象及其对经济增长的影响进行解释，形成一种全新的思路。Ottaviano 和 Martin（2001）在罗默的新经济增长理论和克鲁格曼的新经济地理理论的基础上假设劳动力不能自由流动，建立了一个经济活动空间集聚和经济增长之间相互自我强化的模型，论证了经济活动的空间集聚通过创新成本的降低刺激了经济增长。同时，经济增长又使新的企业更加倾向于选择这个区域，所以，经济的增长又会促进经济活动空间集聚。Baldwin 和 Forslid（2000）则假设企业间垂直联系，并在劳动力自由流动的前提下分别讨论了资本不流动和资本流动两种情况下的经济增长和空间集聚的问题。在此研究基础上，Fujita 和 Thisse（2002）进一步构建模型，假设存在 2 个区域、3 个生产部门（传统、现代化和创新部门）、2 种生产要素（熟练工和非熟练工）；传统和现代化部门使用非熟练工，这类工人不能在区域内自由流动，熟练工则可以在 2 个区域内自由流动；熟练工总量不会随时间变化而变化。该研究通过模型分析得出结论：当运输成本足够低时，现代化和创新部门将集聚到一个区域，而另一区域则只生产传统部门的产品。伴随经济活动在空间上的集聚，经济增长速度也随之加快，经济活动的空间集聚和经济增长相互强化、相互促进。

第二，大量的实证研究结果表明，产业集聚对投资区位的选择具有重要的影响。Head 等（1995）对日本在美投建的 751 家制造企业的研究结果表明，集聚利益对这些制造企业的区位选择决策起着重要的作用。Guimaraes 等（2000）对葡萄牙的外国直接投资集聚进行实证研究，结果发现集聚经济是影响外国直接投资的决定性区位因素。

第三，也有一部分学者关注产业集聚与集体学习和创新之间的关系，并展开了多方面的理论与实证的研究。Asheim（1996）强调了集群内部集体学习机制对区域创新的重要作用。Cainelli 等（2007）认为企业是通过投资来营造的，并发现非市场性的网络关系社会资本投资与市场性的研发投入是推动创新的互补因素。

4. 政府行为及地方政策与产业集聚

在产业集聚的过程中，地方政策及政府行为不仅在自上而下的地域生产综合体等聚集方式中对集聚产生重要的影响，即使是自下而上的集聚模式，地方政策的制定以及政府行为对集聚的影响也是不容忽视的。很多学者不仅在这方面进行了理论分析，还进一步进行了实证的验证。

Baldwin（1999）通过实证研究发现，在资本不能自由流动的前提下，政府若采取地方保护措施，来促使该区域的利润率提升，那么利润率的提升将会吸引更多的投资，增加资本的积累，这将促进产业集聚的形成。1993—2003年墨西哥多个地区的研究数据表明，墨西哥政府的贸易保护政策促使具有比较优势的行业在海外市场中实现较快增速，但在内陆地区则是诸如进口替代性行业增速较快。

（二）国内产业集聚研究

自从一个多世纪前，马歇尔首次研究产业空间集聚现象以来，各国经济学者和经济地理学者在产业集聚理论方面进行了不懈的探索，我国学者也从20世纪80年代开始关注该领域，迄今为止已经产生较多的研究成果。在我国产业集聚领域的研究中，有关产业集聚的机制以及效应的研究成果较多，是产业集聚研究领域中重要且热门的研究方向，因此，下面主要对这两方面有代表性的研究成果进行综述。

1. 集聚机制研究

第一，在集聚的发生机制方面，我国学者大多在马歇尔、韦伯等经典的产业集群理论的基础上，结合我国的实际情况进行论述或实证研究。综观我国目前有关产业集聚研究的文献，发现影响产业集聚的发生的因素主要包括：地方政策、要素成本、空间成本、交易成本、劳动力结构、知识资源、基础设施、人文环境、外商直接投资（FDI）、工业基础、产业关联效应、区域金融结构、地区市场潜能等。此外，城市交通、信息传播、城市级别等因素对会议产业集聚的发生具有重要影响。物流服务供应链的长度和交易次数是影响物流交易地理集中的主要因素。人口密度、单位面积发明专利数、隐性知识传递是影响创意产业集聚的主要因素。曹宝明、王晓清（2008）从区位选择的视角，分析了企业选择的分散行为和集聚行为，揭示了企业区位选择与产业集聚的关系，从而对产业集聚的微观机制进行了分析。

第二，刘义圣、林其屏（2004）认为，产业集聚的运行机制包括：互补性机制、交易费用机制、知识外溢机制、信任机制、创新机制。卢杰（2009）则从生态学视角探讨了制造业产业生态系统的共存机制，分析了制造业产业生态系统中的企业集聚共存优势，利用物种竞争的 Logistic 模型，得出具有互利关系的成员间必须保持激烈的竞争，彼此之间的依赖程度不能太大的结论。

第三，在产业集聚的演化方面，康胜（2004）认为企业集聚中不仅存在着促进集聚的向心力，也存在着破坏集聚的离心力。这两种力量的相互作用使集聚出现进化和退化两种演化方式。王子龙等（2006）认为，企业集群的演化受到集群企业个体适应度、其他企业合作关系以及所处市场环境 3 个因素的影响。蔡绍洪等（2007）运用耗散结构和协同学理论方法进行研究，认为非线性相互作用和支配原理主导了企业群落向产业集群的演化。魏后凯（2008）从产业集聚和企业迁移的角度分析了改革开放 30 年以来中国经济活动的地理集中与扩散趋势。盖骁敏、张文娟（2011）利用"中心—外围"模型分析得出结论：我国东部地区部分运输成本低的劳动密集型制造业将向中西部地区转移，而运输成本高或密集使用技术、资本、高技术劳动力的制造业将仍布局于东部地区。

2. 产业集聚的效应及特定因素相关性研究

第一，经济增长以及区域发展是产业集聚非常重要的主效应之一，大多学者是针对不同区域、不同产业样本运用实证方法分析并验证了产业集聚对区域经济发展的推动效应，并对二者的相关性进行了分析。研究对象包括：西部地区或西部地区某区域的产业集聚、东北老工业基地的产业集聚、长三角地区产业集聚、制造业集聚、服务业集聚、高新技术产业集聚、文化产业集聚、农副产品加工业集聚等。其中，大部分研究是通过实证验证产业集聚对地区经济发展的正向促进作用以及两者之间的相互影响，但也有一些学者研究发现产业集聚对经济增长的促进具有门槛效应，即当集聚发展到一定程度时，过度集聚将不利于经济增长，并且产业集聚发展对产业成长总体上产生的是负面效应，不同的行业其作用方向、程度及机理均不同，与行业特性高度相关。

第二，产业集聚的创新效应也受到了学者们的关注。主要的研究集中在以下3个方面：①针对产业集聚的知识溢出效应、知识转移、企业网络知识传递、创新行为等的论述和分析；②通过二手数据分析验证产业集聚对创新能力及创新绩效提高的促进作用；③针对产业集聚中FDI（国际直接投资）的技术溢出效应的实证研究。

第三，产业集聚与城市化问题的研究大多都集中在产业集聚与城市化进程的相互促进以及互动发展上。此外，也有部分研究是关于产业集聚对城市空间格局的影响以及产业集聚与城市生态可持续发展问题。

第四，产业集聚提升企业集群及区域竞争力也是其主效应之一。但研究不仅局限于产业集聚与企业或区域竞争力的相互关系，还包括产业集聚区域竞争力评价问题以及基于产业集聚的竞争优势培育问题。

第五，产业集聚与投资问题的研究主要集中在对产业集聚的促进、产业集聚的效应，以及FDI与地方产业集聚的互动。

三、研究述评

淘宝村是典型的农村电子商务集群案例，已经引起国内外众多学者的关注，从2013年起，我国有关淘宝村的研究成果日益增多。然而，目前国内有关淘宝村的研究，尚处于起步阶段，无论是在广度上还是深度上都需要进一步强化。当前，我国学者已经选取东风村、军埔村、青岩刘村、里仁洞村等为案例，对淘宝村的形成机理进行了广泛的研究，总结了交通物流、产业基础、资源要素、政府等多方面的因素，但对单个淘宝村的产业生态系统，特别是产业发展演进的研究仍偏少。部分学者也从全国、省域、市域等尺度对淘宝村的空间分布特征与集聚现象展开了研究，然而这些研究大多局限于某一年份，缺乏从演化视角对淘宝村展开研究，特别是对淘宝村的空间集聚演化过程与演化机制的研究尚处于空白阶段。为此，本书将借鉴演化经济地理学的理论，对淘宝村的时空演化以及空间集聚现象进行深入研究，试图揭示出淘宝村的空间集聚演化机制。同时，选取单个淘宝村为案例，解释其形成过程、内部时空演化机制以及产业生态系统的演化现象。

另外，从产业集聚的相关研究来看，由于有关产业集聚的研究由来已久，当前国内外在产业集聚方面都已经形成了大量的研究成果。然而，从研究地域来看，有关产业集聚的研究大多集中于城市地区或产业园区，而对农村地区的产业集聚的研究较为缺乏。淘宝村作为电子商务产业在农村地区的集群现象，对其演化发展与产业生态系统开展的研究，可以填补农村产业集聚现象的研究空白，丰富农村产业集群相关理论。

第三章 淘宝村空间集聚要素分析
——道路形态对商业集聚的影响

第一节 城市道路形态对商业设施空间分布影响的研究

市场取向性的特征要求商业具有消费的空间接近性，即有较好的空间距离和交通条件。消费者克服空间距离所要付出的空间或时间成本是决定消费者选择消费地点的一个重要因子，而商业设施布局的中心性与城市交通的条件则是消费者克服空间距离成本和时间成本的关键因素。一般来说，随着商业设施中心性减弱，在这些商业设施消费的消费者会减少，这就意味着商业需求减少，这种关系可用空间需求曲线来表示（如图3-1所示）。从经济学的需求曲线出发，增加距离和交通因素，随着距离的增加，交通费用相应增加，因此，实际消费价格就是商业区位的价格加上交通费用，那么随着距离的增加，实际消费价格在增加，消费者的购买量在减少。交通条件对商业区位的作用可通过交通费用来表示，一般城市交通设施条件好或通达性好的区位，消费者所需时间会缩短，空间成本会降低，商业需求量就越大。因此，商业设施更趋向于在城市交通条件良好的区位进行空间布局。

对城市道路形态与商业设施空间分布的关联性，国内外学者开展了一系列的研究。如国外的 Sevtsuk 提出了商业网点具有内生集聚特性和受土地因素的影响，与交通网络密切相关。Porta 等首先探究了博洛尼亚道路网络的中心性与零售业及服务业密度的关系，认为相对于邻近度和直达性，博洛尼亚的路网中间性对其零售业和服务业的影响更强，同时还研究了巴塞罗那道路网络中心性与各种经济活动区位的关系，利用道路网络中心性分析工具测度巴塞罗那的路网中心性，将其与商业区位关联起来研究其影响性。Wang等以长春市为例，提出了不同类型商业的空间分布特征与道路网络中心性的关联度不同，道路网络中心性对不同类型商业空间分布的影响有显著差异。国内的学者也进行了一系列的研究，如徐晶、李云辉、杨翔、王士君、覃勤等从研究城市商业空间布局出发，追溯影响商业布局的因素，提出了城市道路等级或道路密度对商业空间布局的正相关影响。周建高（2013）以天津和大阪为例，从路网面积率、密度、等级和结构等特

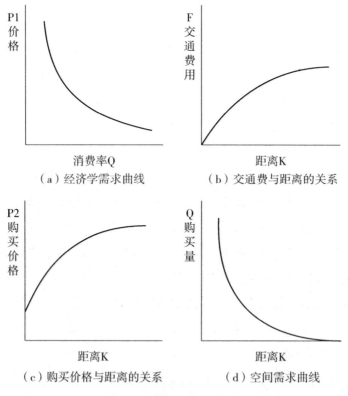

图3-1 交通与消费者的空间需求关系

资料来源：李小建主编《经济地理学（第二版）》。

征的角度，分析了城市空间结构对商业的影响。樊文平等（2011）对基于 GIS 和空间句法的道路网结构对城市商业中心布局的影响进行了定量分析。沈体雁等（2015）以北京中心城区为例，运用空间句法、核密度分析与皮尔森相关分析等方法，结合百度 POI 数据，研究了服务业区位选择的交通网络指向规律。蒋波涛等（2015）利用大众点评网的商业设施及其满意度评价数据，运用道路网约束的反映商业服务设施与道路网络关系的密度计算方法，探究了商业服务设施空间分布数量与所处道路环境的影响关系。陈晨等（2013）运用多中心性评价模型测度并评价了城市的交通网络中心性，结合 GIS 空间分析功能，测算相关系数，先后研究了长春市交通网络中心性与商业网点空间分布的关系、沈阳市交通网络中心性与第三产业经济密度空间分布的关系。

由此可见，国内外学者均认为城市道路形态对商业设施的空间分布具有重要的影响作用，城市交通是影响商业布局的重要因子。电子商务尽管将交易环节放到了互联网这类线上空间上，但在仓储、物流运输等方面仍存在大量的对线下空间的需求，需要与城市中的各类商业设施（如物流快递）产生许多联系。因此，城市道路形态也会对电子商务产业的空间布局以及淘宝村的分布产生一定的影响。我们希望以广州市中心城区为案例，通过研究分析城市道路形态对商业设施空间分布的影响，为解释电子商务乃至淘宝村的空间集聚现象提供一定的启发和借鉴意义。

第二节 基于广州市中心城区的实证分析

一、广州市中心城区道路形态特征

（一）道路形态测度模型

道路网络的中心性作为影响城市空间变化的重要因素，能够改变城市的空间结构，日益受到广泛关注。道路网络中心性作为一种道路形态特征，关于其测度，国外学者经过深入研究大多采用多中心性评价模型（Multiple Centrality Analysis，即 MCA）测度道路网络的中心性，这在欧美等发达国家已经得到较广泛的应用。本章采用多中心性评价模型作为测度广州中心城区道路形态网络中心性的模型。具体而言，包括邻近性（Closeness）、中介性（Betweenness）、直达性（Straightness）3 个评价指标。

邻近性（C^c）即一个节点与其他所有节点的邻近程度，公式表示为：

$$C_i^c = (N-1) / \sum_{j=1, j \neq i}^{N} d_{ij} \qquad (1)$$

式中，C_i^c 为节点 i 的邻近性，N 为道路形态网络节点数，d_{ij} 为节点 i 与 j 之间的最短距离。简言之，邻近性为某一节点到其他所有节点平均距离的倒数，平均距离越小，则邻近性越大。邻近性接近地理学的距离衰减规律，离中心越远，邻近性越弱。

中介性（C^B）表示穿过某一节点的最短路径的多寡程度，穿过的最短路径越多，则中介性越高，这些最短路径连接任意道路形态网络两个节点，公式表示为：

$$C_i^B = \frac{1}{(N-1)(N-2)} \sum_{j=1; k=1; i \neq k=1}^{N} \frac{n_{jk}(i)}{n_{jk}} \qquad (2)$$

式中，C_i^B 为节点 i 的中介性，N 为道路形态网络节点数，n_{jk} 表示节点 j 与 k 之间最短路径的数量，$n_{jk}(i)$ 表示节点 j 与 k 之间的最短路径中穿过节点 i 的数量。中介性是对网络研究的改进，并没有将节点当作起点和终点，而是道路形态网络的通过点，是衡量道路形态网络节点交通流量的重要指标。

直达性（C^s）是衡量两节点间的最短路径与连接这两点的直线路径的偏离程度，偏离程度越小，直达性越好，交通效率就越高，公式表示为：

$$C_i^s = \frac{1}{N-1} \sum_{i=1, j \neq i}^{N} \frac{d_{ij}^{Eucl}}{d_{ij}} \qquad (3)$$

式中，C_i^s 为节点 i 的直达性，N 为道路形态网络节点数，d_{ij}^{Eucl} 为节点 i 与 j

之间的欧氏距离，d_{ij}为节点i与j之间的最短距离。直达性是衡量道路形态网络交通效率的重要指标，对人类社会日益复杂的网络结构的研究有重要意义。

（二）广州市道路形态空间分布特征

借助 ArcGIS 中的 ArcToolbox 平台，基于道路形态网络节点和数据集，测度道路形态网络中心性；运用 KDE 方法，即通过 ArcGIS 软件中的 Spatial Analyst 工具下密度分析之核密度分析工具，分别以邻近性、中介性、直达性为权重对道路形态网络中心性进行空间插值，得到道路形态网络中心性的核密度分布图（如图 3-2 所示）。

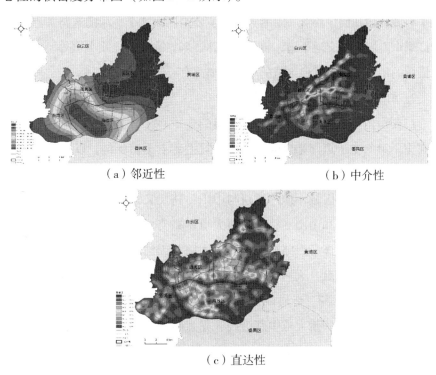

图 3-2 道路形态网络中心性

1. 邻近性

广州市道路形态邻近性呈现出一定的"核心—边缘"的圈层分布模式，这一特点符合邻近性的地理意义，即接近地理学的距离衰减原理规律，但是研究区域内邻近性最高的道路节点并不多，邻近性分异并不明显，这可能与广州市的城市空间结构有关。广州并不是一个单中心道路向外放射型的城市，地理中心性和道路的向心性并不明显，呈现出各区均衡多中心模式。其中，邻近性核密度最高值在0.000000003～0.000000004，主要分布在荔湾区东北部、越秀区南部和海珠区西南部，即荔湾区与越秀区交界的人民南路，越秀区的解放南路，海珠区的工业大道、宝岗大道、江南大道、东晓路、江湾路、新港西路和新滘西路附近。邻近性在0.000000002～0.000000003的有荔湾区的康王中路和南路、中山七路、上下九路、芳村大道中、花地大道北路和中路，荔湾区与越秀区交界的人民中路和北路南段，越秀区的解放中路和北路南段、起义路、中山五路和六路、北京路等附近。然而，此区域与广州中心城区的几何中心有一定的偏差，主要是因为这个区域的道路节点联通着广州中心城区的交通干道，包括内环路、环城高速、广州大道等，所以这一区域的道路节点到其他区域的平均距离都有所缩短。

2. 中介性

广州市道路形态中介性呈现出明显的多中心分布特征，多中心主要分布在主干道与主干道交叉口的区域，并且沿着主干道延伸，以主干道为中心向两边扩散。中介性的核密度最高值在167.61～188.55，主要分布在广州中心城区的中心区域，即内环路与中山一路交叉口、东湖路与中山二路交叉口、东风东路和中山一路与广州大道中交叉口、环市东路与先烈路交叉口、天河路与体育西路交叉口、天河路与天河东路交叉口、东晓路与新港西路交叉口附近、天河客运站和天河龙洞附近区域。这说明通过这些区域的最短路径最多，交通流量最大。另外，在新港中路和新港西路沿线、东晓路沿线、广州大道中路沿线、先烈路沿线和天河路沿线附近区域的道路形态的中介性也较高，中介性核密度仅次于最高值区域，在146.66～167.60，意味着这些区域通过的最短路径也较多，交通流量相对较大，分布较分散。

3. 直达性

广州市道路网络直达性也呈现出明显的多中心分布特征，布局分散，主要分布在荔湾区中部、东北部，越秀区东南部，天河区西部、南部，海珠区西部。直达性核密度最高值在0.97～1.08，具体分布在内环路、人民路、花地大道、东晓南路、新滘西路、瑞康路、广州大道中与花地大道交叉口、黄埔大道西、中山大道西、天河路偏南、天河北路、长兴路偏北、天河区龙洞附近。这说明这些区域里的道路网络节点到道路网络任一节点的最短路径与直线路经的偏离程度均最小，交通效率最高。

二、广州市中心城区商业设施空间分布

（一）商业设施的选取

本书选取广州中心城区的酒店、餐饮、超市、物流4种主要的商业业态作为商业设施的研究对象，并通过POI百度数据库共收集商业设施点数据9165个，分别为酒店2636个、餐饮2657个、超市2734个、物流1138个。酒店业包括广州中心城区的招待所、旅馆、青年旅舍、连锁酒店、公寓式酒店和星级酒店等；餐饮业则涵盖中餐厅、外国餐厅、小吃快餐店、咖啡厅、酒吧、蛋糕甜品店和茶座等；超市是零售业的代表，包括各式各样的超市、便利店、商铺等；物流业包括物流公司各驻点、配送点等。

（二）商业设施空间分布特征

1. 圈层空间分析

为探讨酒店、餐饮、超市、物流4种商业设施在广州中心城区内的整体空间分布特征，主要根据商业设施的空间分布数量进行圈层分析。圈层分析理论是基于距离衰减规律的空间分析理论，选择以广州市政府附近的人民公园为核心，以此作为广州中心城区的中心，分别以3千米、6千米、9千米、12千米、15千米和18千米为缓冲半径，将研究区域划分为6个圈层（如图3-3所示）。

广州市各商业设施空间分布呈现出明显的非均质分异特征，总体分布不均衡，在研究区域内中心指向性均较为明显。从各圈层商业设施总体数量来看，基本上呈现出由最中心圈层向外围圈层逐渐递减的特点，各商业

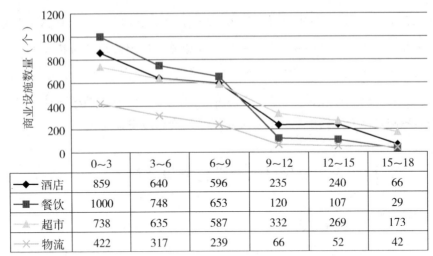

图 3-3 各圈层商业设施数量

设施分布数量的递减率在 9～12 千米的范围内最高,是高密度数量分布与低密度数量分布的分水岭区域,各商业设施多数分布在内部的 3 个圈层中,且根据数量,4 种商业设施总量在内部 3 个圈层约占全研究区域总量的 81%。可见,以人民公园为核心的 9 千米核心区域范围内是各商业设施的主要分布区域,在此区域内各商业设施的集聚性很明显。从广州中心城区的具体区域来看,内部 3 个圈层是广州中心城区最核心的区域,包括荔湾区中部和东北部、越秀区大部分、海珠区中部和西部、天河区西部等,这些区域集中了大部分的商业设施,其中最内部圈层大致与广州市内环路以内的范围相似,即以人民公园为核心的 3 千米范围内。

再横向比较各商业设施的圈层空间分布特征发现,各商业设施空间分布形态各异(如图 3-4 所示)。各商业设施在广州中心城区范围内的空间分布状况,其呈现的主要类型有:

(1) "核心—边缘"型。从以人民公园为核心的城区中心到城区边缘区域商业设施密度大体逐渐趋于下降,如酒店和物流商业设施。其中分布在内环路以内的核心圈层酒店数量为 859 个,占酒店总数的 32.59%,内部 3 个圈层则集中了 79.48% 的酒店,但外围 3 个圈层仍然有 20.42% 的酒

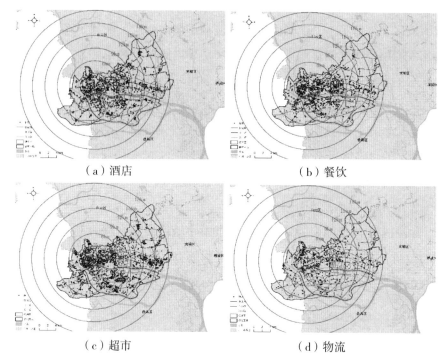

图 3-4 商业设施空间分布格局

店分布,集中在第四和第五圈层,且在这两个圈层之间出现了少量增加的情况,并不完全是递减。分布在核心圈层的物流网点数量为 422 个,占物流网点总数的 37.05%,内部 3 个圈层集中有 85.86% 的物流网点,相比酒店,其中心集聚性更强,空间分布更集中。

(2)"核心—外围"型。从以人民公园为核心的城区中心到城区中心外围商业设施密度逐渐减低,如餐饮商业设施,其中分布在内环路以内核心圈层的餐饮设施数量为 1000 个,占餐饮设施总量的 37.64%,而内部 3 个圈层则集中了 90.37% 的餐饮店。由此可见,餐饮业主要集中于城市的核心区域,而外围只有少量分布,边缘区域则很少分布,其集中程度明显强于酒店和物流商业设施。

(3)"核心—不规则"辐射型。以人民公园为核心的最内圈层最集中,而不同方向辐射的规律不同,由最内圈层向越秀区东部和天河区西部、荔湾区中部方向是规则的辐射分布，而向海珠区方向则出现辐射密度断层，在海珠区西部即第一、二圈层密度明显小于最内圈层，而到了海珠区中部即第三圈层密度则明显增大，可见，这是最内圈层跨越第一、二圈层海珠区部分的不规则辐射分布。其中，集中于内环路以内核心圈层的超市数量为738，占超市总数的26.88%，内部3个圈层约有71.38%的超市分布，与酒店、物流、餐饮商业设施相比，其最核心分布并不太明显，而且内部3个圈层的聚集度也不如其他商业设施，仍有28.62%的超市分布在外围圈层，较集中于天河区龙洞附近、中山大道附近等。

2. 多距离空间聚类分析

利用多距离空间聚类分析对广州市中心城区商业设施的空间集聚特征进行分析，可知餐饮、超市和物流商业设施在研究区域距离范围内，均呈明显的集聚分布趋势，而且中心指向性明显（如图3-5所示）。

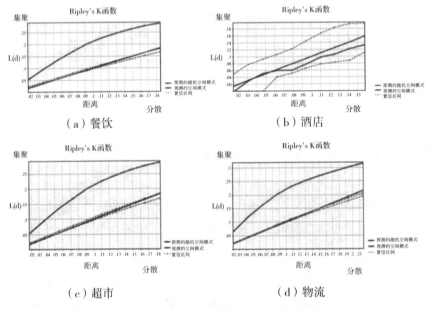

图3-5 商业设施多距离空间聚类结果

进一步运用核密度分析法，对4类商业设施的空间分布进行分析，可以发现：4种商业设施总体上呈现出多核心的空间集聚分布格局，在广州中心城区内形成若干集聚极核，以极核为中心向外呈不规则扩散，偏向于带状扩展，与干道的延伸方向相似。荔湾区东北部、中部，越秀区大部分，天河区西部、偏南部，海珠区中西部成为这4种商业设施集聚的高密度区域。这与这些区域的发展成熟度密切相关，这些区域都具有人口集中、经济基础好、基础设施完善、传统商业氛围浓厚等特点（如图3-6所示）。

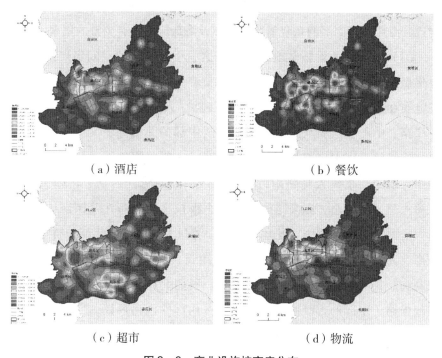

图3-6 商业设施核密度分布

各商业设施的空间集聚形态各异。

（1）酒店商业设施呈现出"小集聚、大分散"的空间集聚特点，集聚的极核多元，高密度集聚区域分布在越秀区的广州火车站附近，次级集聚区域主要分布在荔湾区与越秀区交界的人民中路附近，越秀区的北京路、环市东路附近，越秀区与天河区交界的广州大道中附近，天河区的天河路、中山大道、广州东站、天河客运站、天河龙洞附近，海珠区的广州大道南、新港路、新滘东路、江南大道、海珠汽车客运站附近等。

（2）餐饮商业设施则呈现出中心集聚的态势，集聚于广州中心城区最核心的区域，即荔湾区东北部的上下九路、康王路、中山六路与中部的花地大道北附近，越秀区中西部的北京路、东风东路、中山三路、较场路附近，天河区西部的天河路、体育西路、体育东路、黄埔大道西附近，海珠区西部的江南西路、江南大道中、宝岗大道与中北部的新港中路附近等。在核心集聚区外围，即天河区北部的天河客运站、龙洞与东部的中山大道附近，海珠区西南部的东晓南路附近以及海珠区东部有少量的集聚。

（3）超市商业设施呈现出"大集聚、小分散"的空间集聚模式，主要集聚于几个大极核，其周边零星分布着一些小极核。其中，大极核主要分布在荔湾区东北部的宝华路、康王路、人民路、上下九路、长寿路、龙津路、中山七路和八路附近，越秀区中部的北京路、文德路、越秀中路、较场路、中山二路和三路、东华路、文明路附近，天河区东南部的中山大道中、东圃大马路附近，海珠区中部的鹭江西街、广州大道南、江海大道、聚德路、赤岗路附近等。小极核主要分布在荔湾区中部的芳村大道西、芳村大道中、花地大道北、芳村大道南，西北部的桥中北路、东海北路、河沙中路，北部的瑶华街附近；天河区中北部的沙太南路、银利街、长兴路、天河客运站、龙洞、科韵北路、大观中路，南部的员村二横路，东部的吉歧路附近；海珠区西部的江南西路，西南部的东晓南路、新滘西路、南洲北路、南洲路，东部的土华路、华洲路、赤沙路、新港东路附近等。

（4）物流商业设施呈现出"一大片、三小片"4个集聚区。"一大片"是指由荔湾区东北部、越秀区大部分、天河区西部构成的大片聚集区，"三小片"则分别指荔湾区中部、海珠区中西部、天河区东南部地区。其中，"一大片"主要分布在广州火车站、海珠路、解放路、起义路、大德路、中山五路和六路、东风中路、东风东路、环市东路、体育东路、天河路、天河东路、黄埔大道西附近。"三小片"分别是荔湾区东部的芳村大道西、花地大道北、花蕾路、浣花路附近，海珠区中西部的东晓南路、瑞康路、逸景路、新滘西路、新港中路、聚德路附近,天河区东南部的广园快速路、中山大道中、车陂路、黄村路、珠吉路附近。

三、广州市中心城区道路形态对商业设施空间分布的影响

(一) 道路形态与商业设施空间分布的空间相关性

运用GIS的空间相关分析功能,即通过ArcGIS软件中的Spatial Analyst工具下的多元分析之波段值统计工具,分别对酒店、餐饮、超市和物流商业设施的核密度与道路形态中心性核密度进行空间相关性分析,得出各类型商业设施空间分布与道路形态中心性的相关系数(见表3-1和图3-7)。

表3-1 各商业设施核密度与道路形态中心性核密度相关系数(r)

商业设施	邻近性(C^C)	中介性(C^B)	直达性(C^S)	中心性平均值
酒店	0.17	0.49	0.65	0.44
餐饮	0.25	0.54	0.62	0.47
超市	0.32	0.54	0.85	0.57
物流	0.19	0.47	0.64	0.43

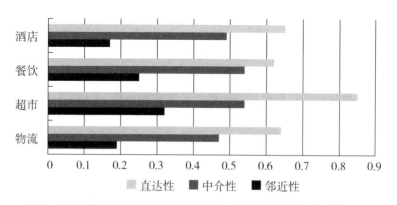

图3-7 各商业设施核密度与道路形态中心性核密度相关系数(r)

由此可见，酒店、餐饮、超市和物流4种商业设施的核密度同道路形态中心性平均值核密度相关系数均较高，分别为0.44、0.47、0.57、0.43。各商业设施的空间分布与城市道路形态中心性的直达性相关性均较强，其中超市商业设施与直达性的相关性尤为突出。相对而言，酒店、物流、餐饮商业设施与邻近性的相关系数较低，相关性并不明显。

具体而言，4种商业设施核密度与直达性的核密度相关系数均在0.6以上，可见4种商业设施都倾向于集聚分布于直达性较高的区域，此区域里道路网络节点到道路网络任一节点的最短路径与直线路经的偏离程度均较小，交通效率较高，如广州火车站、内环路、康王路、人民路、上下九路、北京路、花地大道、天河路、中山大道、江南西路、瑞康路附近等区域。其中，超市商业设施核密度与直达性核密度的相关系数最高（$r = 0.85$），可见，超市商业设施空间分布受道路形态网络的直达性影响最大，说明大多消费者在选择超市时倾向于就近原则，选择前往耗时最短、交通效率最高的超市。而4种商业设施空间分布与邻近性的相关性均最弱，这与邻近性分异并不明显的特征有关，所以，邻近性强调的中心距离衰减规律也并不明显，商业设施空间分布与邻近性的相关系数自然较弱。此外，4种商业设施核密度与中介性核密度的相关性也较高，相关系数在0.5左右，说明道路形态网络的中介性对商业设施的空间分布影响也较大，即商业设施也倾向于集聚分布在通过最短路径较多、交通流量较大的区域，如内环路与中山一路交叉口、东湖路与中山二路交叉口、东风东路和中山一路与广州大道中路交叉口等主干道与主干道交叉口附近。

（二）道路形态与商业设施空间分布统计相关性

通过ArcGIS软件计算和判断的空间相关性实质上是两个栅格图层在空间上对应的每组像元值之间的相关性，即道路形态中心性核密度图与商业设施核密度图在空间上对应的核密度值之间的相关性，计算出来的相关系数即可反映两者之间的相关程度，但是，这只能反映两者相关程度的强弱，而无法进行显著性检验。所以，需要借助统计学的手段做进一步分析。

在运用统计学手段计算相关性前,需要将核密度值赋予指定的商业设施点图层,再提取这些点所对应的核密度值,实质就是核密度值的提取,即数据采集的过程。然而,计算结果是否会因数据采集而产生误差仍须验证,而运用 ArcGIS 软件计算两者的空间相关性则较好地避免了数据采集的过程。因此,这两种相关性判断方法可实现互补,能更全面精确地进行相关性判断,进而分析影响性问题。

运用 GIS 的空间提取功能,分别提取道路形态中心性和商业设施的核密度值,再将其导入 SPSS 软件进行相关分析与显著性检验,进而研究各种商业设施与道路形态中心性(邻近性、中介性和直达性)关系的统计学特征,结果见表 3-2。

表 3-2 商业设施核密度与道路形态中心性核密度皮尔森相关系数及显著性检验

商业设施	邻近性(C^C)	中介性(C^B)	直达性(C^S)
酒店	0.020	0.199**	0.212**
餐饮	0.068	0.142**	0.198**
超市	0.047*	0.150**	0.207**
物流	0.051	0.106**	0.173**

注:*代表置信水平为95%,**代表置信水平为99%。

由表 3-1 和表 3-2 可看出,商业设施核密度与道路形态网络中心性核密度的空间相关系数相比皮尔森相关系数,结果的组合关系相似(如 4 种商业设施的空间分布与城市道路形态中心性的直达性、相关性均最强,中介性次之,而与邻近性的相关性均较弱),可见通过提取核密度值,运用 SPSS 软件计算所得到的相关系数并未因数据采集而产生误差,也没有出现商业设施与邻近性、中介性和直达性相关性前后不一致的情况。

表 3-2 表明,4 种商业设施的空间分布与道路形态网络中心性的中介性、直达性的相关关系是显著的,其置信水平均达到99%,但其皮尔森相关系数并不大,说明在统计学上商业设施与中介性、直达性的关系是显著性的弱相关关系,通过最短路径较多、交通流量较大、交通效率较高的区

域显著性影响着商业设施的空间集聚分布。超市商业设施核密度与邻近性、中介性和直达性3个中心性指标都存在着显著性的弱相关关系，其中与中介性和直达性是显著性极高的弱相关关系，而与邻近性是显著性较高的弱相关关系，说明交通条件对超市的区位布局有着较强的影响，超市倾向于集聚布局在交通效率高、流量大或位置居中、服务范围广的区域，如康王路、人民路和中山路附近区域等。而邻近性与酒店、餐饮和物流商业设施核密度的相关系数并没有置信度，即在统计学上并没有显著性的相关关系，邻近性的相关系数也很小，说明这三种商业设施的空间集聚分布与邻近性不具有相关性特征，一定程度上对位置居中性和服务范围的要求较弱。

四、小结

本章基于复杂的网络理论，从道路形态网络中心性的全新视角出发，以广州中心城区为例研究了城市道路形态对商业设施空间分布的影响，得出城市道路形态中心性与商业设施空间分布关系的特征如下，为淘宝村空间集聚分析提供依据。

（1）城市道路形态的中心性对商业设施空间分布具有显著性影响，是显著性的较弱相关关系。道路形态中心性显著性影响着商业设施的空间集聚分布特征，不同类型的商业设施受道路形态中心性影响的程度有所差异，同类型商业设施受中心性3个指标的影响程度也有所差异。

（2）邻近性对商业设施的影响较普遍，不具有显著性相关关系。酒店、餐饮和物流商业设施与邻近性不具有显著性相关关系，而超市商业设施与之则有较强显著性的相关关系。邻近性较高的区域内道路网络节点到道路网络所有节点的平均距离较短，其服务的范围较广。

（3）中介性对商业设施的影响弱相关性较大，显著性强，商业设施倾向于分布在中介性较高的区域，其所在区域内道路网络节点通过的最短路径较多，交通流量较大，能满足消费者就近消费，客流量大。

（4）直达性相对于邻近性和中介性，其对商业设施空间分布的影响是最大的，显著性最强。商业设施最倾向于布局于直达性高的区域，其所在区域里道路网络节点到道路网络任一节点的最短路径与直线路径的偏离较小，交通效率较高，可满足消费者追求效率的需求。

（5）不同商业设施在空间分布模式上有差异，酒店商业设施呈现随机分布的趋于离散的模式，而餐饮、超市和物流商业设施则呈现聚类分布的趋于集聚的模式。

第四章　广州农村电子商务的发展

第一节　我国农村电子商务的发展

一、我国农村电子商务的发展历程

我国农村电子商务的发展大致起源于 20 世纪 90 年代。1998 年，集诚现货网成立，它是我国首家涉农电子商务网站。自此，我国农村电子商务的发展开始起步。总体来看，我国农村电子商务的发展大体可以分为 4 个时期。

一是萌芽期（1998—2004 年）。这一时期，棉花、粮食两个品种先后在网上交易。1998 年，郑州商品交易所集诚现货网（现名"中华粮网"）成立。同年，全国棉花交易市场设立，实现了通过竞卖交易方式采购和抛售国家政策性棉花。2002 年，全国棉花交易市场推出商品棉电子撮合交易。我国开始探索农产品在网上进行交易的方式，当时叫"粮棉在网上流动起来"。此时，农村电子商务主要局限于农产品大宗交易，仅为现货交易的一种补充。

二是探索期（2005—2011 年）。这一时期，生鲜农产品开始在网上进行交易，2005 年易果网成立，2008 年和乐康、沱沱工社开始做生鲜农产品交易。随后，生鲜电子商务的出现，改变了以往人们对农产品电子商务的定义和内容，生鲜电子商务开始迅速发展，特别是 2009—2012 年，涌现了一大批生鲜电子商务企业。然而，由于同质化竞争十分激烈，很多企业倒闭。

三是发展期（2012—2014年）。这一时期，以"褚橙进京""荔枝大战"两大重要事件为标志，生鲜农产品电商开始探索品牌运营，出现了一系列品牌运营商，如顺丰优选于2012年5月31日正式上线。2012年12月12日，顺丰优选开通了"时令优选"频道，拓展了特色经济产品全国配送的服务。2013年12月1日，顺丰优选常温食品配送实现全国覆盖。2012年7月，本来生活网成立，率先在生鲜电商的行业中实施农产品供应链全程化管理服务。此外，沱沱工社、美味七七、甫田、菜管家等均在此期间相继成立或获得增资、扩资。这一时期，涌现了多种农村电子商务模式，B2C、C2C、C2B、O2O等各种农村电子商务模式竞相推出。同时，随着宽带电信网、数字电视网、新一代互联网、物联网、云计算、大数据等大量先进信息技术应用的拓展，农村电子商务领域出现了一系列新的发展模式，尤其是2013年微博、微信等工具的流行，使农村电子商务开始探索社交电子商务的发展模式。同时，受到生鲜农产品保存技术仍须改善、冷链物流配送体系不完善、人们购买生鲜农产品方式的偏好等方面的影响，生鲜电子商务运营大多面临着较难盈利的局面，因此，90%的生鲜电子商务亏损倒闭。

四是高潮期（2014年至今）。这一时期，农村电子商务得到了政府、资本市场的广泛青睐。农产品成为继图书、服装、3C产品三大电商热点之后的新热点。根据《2014—2015年中国农产品电子商务发展报告》，2014年中国各类涉农电子商务平台企业达到3.1万家，其中涉农交易类电子商务平台近4000家，形成了"两超—多强—小众"的农产品电子商务格局。其中，"两超"就是阿里系和京东系，"多强"是指具有较强竞争力的农产品电商平台，"小众"是指具有成长性的特色农产品电商平台。2014年，我国具有特色的大宗商品交易市场有中农网、广西糖网、全国棉花交易市场、四川白酒交易中心、泌坤农产品交易中心等，具有特色的农产品网络零售网站有淘宝、天猫、1688、京东、沱沱工社、顺丰优选、我买网、美味七七、本来生活网、中国地理标志产品商城、淘常州、甫田网、青年菜君、电子菜箱等。同时,电子商务巨头纷纷提出了自己的"下乡"战略,如阿里巴巴集团推出了以"千县万村"计划为主体的农村战略,提出在未来3~5年内,投资100亿元,建立一个覆盖1000个县、10万个行政村的农村电子商务服务体系(如图4-1所示);京东集团提出了针对县域经济发展的渠道下沉战略,其中农村电商是其渠道下沉的重要组成部分,同时,2015年年初京东集团开始在全国建立自营的"县级服务中心",并以加盟形式开设"京东帮服务店",进一步丰富并拓展了其农村电子商务战略的内涵(如图4-2所示);苏宁易购也于2014年提出在未来3年,到100个适合发展农村电商的贫困县建设100家店,包含苏宁易购直营店、服务站,并在苏宁易购上线100家"地方特色馆"。

投资基础	激活生态	创新服务	创造价值
◆ 乡村服务站 ◆ 县级运营中心 ◆ 乡村物流	◆ 发展更多农村卖家/买家 ◆ 培训县级电商综合服务商 ◆ 扩展物流、仓储、代运营等服务 ◆ 让淘宝商学院进入县乡	◆ 村民代购服务 ◆ 农产品线上销售支撑体系 ◆ 农资电商O2O ◆ 农村金融	◆ 解决"买难"问题,缩小城乡差距 ◆ 缓解"卖难"问题,提高农民收入 ◆ 提升农民幸福指数

图4-1 阿里巴巴集团农村电子商务战略图解

资料来源:搜狐网《详解阿里、京东、苏宁在农村电商领域的战略布局》。

此外,众多资本大量涌入农村电子商务领域,农村电子商务步入融资和兼并重组的高潮期。本来生活网、美味七七、京东、我买网、宅急送、阿里、青年菜君、食行生鲜先后获得融资,农村电子商务进入融资高峰期。同时,农村电子商务的发展也受到了国家层面的广泛关注,农村电子商务领域的相关政策密集出台,国务院接连下发了《关于积极推进"互联网+"行动的指导意见》《关于促进农村电子商务加快发展的指导意见》

两大核心模式

- 县级服务中心：采用公司自营的模式，房源租赁、房屋装修、家具采买、办公设备和中心人员均由公司负责
- 京东帮服务店：针对大家电产品在物流、安装和维修上的独特需求，依托厂家授权的安装网络和社会化维修站资源的本地化优势

"3F"战略

- 农村金融战略：通过京东白条、小额信贷等金融产品，帮助农民解决借钱难、贷款难、成本高等难题
- 工业品进农村战略：通过提升面向农村的物流体系，让农民方便购买到化肥、农药等农资商品及手机、家电、日用百货等工业用品
- 生鲜电商战略：通过大数据等技术，京东将农民的农产品种植与城市消费者的农产品需求进行对接，将农产品从田间地头直接送到城里人的餐桌上

图4-2 京东集团农村电子商务战略图解

资料来源：搜狐网《详解阿里、京东、苏宁在农村电商领域的战略布局》。

《关于深入实施"互联网+流通"行动计划的意见》等诸多政策文件，从农产品电商、涉农电商平台建设、电子商务进农村3个方面对农村电子商务的发展进行了重点部署。

二、我国农村电子商务的发展现状

近年来，我国农村网民的数量不断增加，所占比重持续攀升。中国国际电子商务中心研究院发布的《中国农村电子商务发展报告（2017—2018）》的数据显示：截至2018年6月，我国农村网民占比为26.3%，规模为2.11亿，较2017年年末增加1.0%；城镇网民占比为73.7%，规模为5.91亿，较2017年年末增加4.9%。与此同时，农村网络环境不断改善，特别是在电信运营商下调业务费用的驱动下，农村村民能够低成本接入并使用高速互联网，农村移动互联网的渗透速度加快。如移动运营商加

大对农村地区整体网络设施的覆盖力度，深入挖掘农村用户市场。根据中国互联网络信息中心（CNNIC）公布的第43次《中国互联网络发展状况统计报告》，截至2018年第三季度末，全国行政村通光纤比例达到96%，贫困村通宽带比例超过94%，已经提前实现了"宽带网络覆盖90%以上贫困村"的发展目标。截至2018年12月，我国城镇地区互联网普及率达到74.6%，农村地区互联网普及率达到38.4%，分别较2017年年底增长3.6%、3.0%（如图4-3所示）。

图4-3 2013—2018年我国城乡地区互联网普及率

资料来源：中国互联网络信息中心（CNNIC）第43次《中国互联网络发展状况统计报告》。

根据电子商务研究中心的监测数据，从2014年开始，农村网络零售的规模不断扩大，占全网网络零售的比重也不断上升，农村网络零售额由2014年的1800亿元扩大到2017年的12448.8亿元，农村网络零售占全网网络零售的比重由2014年的6%提高到2017年的17.4%。2017年，农村网店达到985.6万家，较2016年增加169.3万家，同比增长20.7%，带动就业人数超过2800万人。（如图4-4所示）当前，我国农村网店用户主要集中在农村淘宝、拼多多、云集、有赞、赶街网几大平台，其中，阿里巴巴的平台拥有超过100万的农村网商，云集也在全国31个省、市、自治区均有店主分布。

图4-4 2014—2018年上半年我国农村网络零售额及增长率

资料来源：商务部。

从农村网络零售类别来看，农村网络零售仍以实物类网络零售为主，2017年农村实物类产品实现网络零售额7826.6亿元，占农村网络零售总额的比重达60%以上（62.9%）。在农村实物类产品中，网络零售额居前三位的产品依次为服装鞋包、家装家饰、食品保健，它们2017年分别实现网络零售额1600.3亿元、1129.5亿元、1031.0亿元，较上年增长分别为30.5%、6.4%、61.0%。2017年，农产品网络零售仍保持着高速增长的趋势。据统计，2017年全国农产品网络零售额达到2436.6亿元，同比增长53.3%，其中，水果、茶叶和坚果全网销售额排名前三，占比分别为21.4%、16.5%、13.8%。

近年来，农村服务类产品网络零售增长迅速，2017年农村服务类产品实现网络零售额4622.2亿元，占农村网络零售总额的37.1%，同比增长46.6%，增长率高出农村实物类产品网络零售额的11.5%。在农村网络服务类产品中，网络零售额居前三位的产品依次为在线旅游、在线餐饮和家居生活，它们2017年分别实现网络零售额1831.9亿元、1625.8亿元、180.7亿元，较2016年增长分别为66.8%、58.6%、45.3%。2018年上半年，农村地区网络零售规模不断扩大，全国农村网络零售额达到6322.8亿元，同比增长34.4%，占全国网上零售额的比重为15.5%，增速高于全国水平4.3%。

分区域看，2017年东部、中部、西部、东北农村分别实现网络零售额7904.5亿元、2562.1亿元、1700.5亿元、281.8亿元，同比分别增长33.4%、46.2%、55.4%、60.9%。其中，东部农村网络零售额占比达到63.5%，优势依然明显。中西部及东北农村网络零售额合计为4544.4亿元，同比增长50.4%，增速高出东部农村17.0%。从拉动各区域网络零售额增长的主要产品看，食品保健是对中部、西部和东北农村网络零售额增长贡献最大的实物类产品，贡献率分别为11.5%、30.3%、29.0%。在线旅游是对中部、西部农村网络零售额增长贡献最大的服务类产品，贡献率分别为30.8%、24.3%。在线餐饮是对东北、东部农村网络零售额增长贡献最大的服务类产品，贡献率分别为14.2%、17.9%。服装鞋包是对东部农村网络零售额增长贡献最大的实物类产品，贡献率为16.8%。

当前，我国电子商务仍处于高速发展时期，这个趋势已经延续了十余年的时间。农村电商在近几年更是异军突起，2017年全国农村网络零售额首次突破万亿大关，达12448.8亿元人民币，在全国网络零售额（7.18万亿元）的占比已经达到17%。2017年，农村实现网络零售同比增速为39.1%，农产品网络零售额同比增速为53.3%，均明显高于同期全国网络零售额增长速度（32.2%）。农村网络零售额占全国网络零售额的比重越来越高，农村地区电商发展速度超过城市，这表明农村电商在国家和社会各界的关注和支持下已经取得了跨越式的发展。然而从历年统计数据来看，与前几年近乎年均100%的增速对比，2017—2018年农村电商增速实际有所放缓，这表明农村电商在全国大面积普及的同时，已经开始触碰到了一些发展瓶颈，走到了一个历史转折点。在这个拐点之后，农村电商将告别野蛮生长的时代，逐步走向转型发展的新阶段。2017—2018年，我国农村电商经历了以下三大转变过程。

一是从单纯的电子商务交易向农村综合服务转变。在国家大力发展农村电子商务的背景下，目前，农村各类资源正在以电子商务平台为媒介，跨界整合，助力农民增收。如当前很多地区正通过电子商务实现特色乡村旅游景区推介、文化遗产展示、食宿预定、土特产网购、地理定位、移动支付等资源和服务的在线化，深度挖掘农村的生态价值和文化价值，拓展乡村智慧旅游、乡村文化创意等新兴服务。如目前已有部分农家乐和乡村旅游点开始运用互联网工具和电子商务平台，发展网上订制、线下体验等线上线下融合的服务模式。根据中国互联网络信息中心（CNNIC）公布的《2015年农村互联网发展状况研究报告》，从农村网民互联网各类应用使用情况来看，网络支付类应用增长最快，2015年用户规模达9320万人，比2014年增长48.5%。同时，随着农村居民收入水平的不断提高和农村交通等基础设施条件的逐步改善，广大农民开始关注和追求更高层次的精神消费，带动在线旅行预订应用以及娱乐应用服务的发展。2015年，农村网民在线旅行预订用户规模为4687万人，比2014年增长16.4%；网络视频用户13078万人，比2014年增长20.3%；网络文学用户7354万人，比2014年增长1.3%；网络游戏用户10458万人，比2014年增长8.5%；网络音乐用户13352万人，比2014年增长7.3%（见表4-1）。由此可见，农村电子商务在逐步向多元化拓展，其涵盖内容已经不仅仅局限于单一的电子商务产品交易，而是逐步向娱乐应用服务全面拓展。

表4-1 2014—2015年农村网民各类互联网应用使用率

应用类别	应用	2014年		2015年		用户规模增长率
		使用率	用户规模/万	使用率	用户规模/万	
信息获取类	网络新闻	74.2%	13247	77.8%	15196	14.7%
	搜索引擎	72.8%	12987	77.7%	15187	16.9%
交流沟通类	即时通信	87.2%	15558	88.2%	17243	10.8%
	微博	29.9%	5333	25.4%	4969	-6.8%
	电子邮件	29.0%	5184	25.5%	4988	-3.8%
	论坛/BBS	14.8%	2635	11.4%	2228	-15.4%

续表 4-1

应用类别	应用	2014 年 使用率	2014 年 用户规模/万	2015 年 使用率	2015 年 用户规模/万	用户规模增长率
网络娱乐类	网络音乐	69.7%	12444	68.3%	13352	7.3%
	网络游戏	54.0%	9637	53.5%	10458	8.5%
	网络视频	60.9%	10875	66.9%	13078	20.3%
	网络文学	40.7%	7261	37.6%	7354	1.3%
商务交易类	网络购物	43.2%	7714	47.3%	9239	19.8%
	团购	16.3%	2914	15.6%	3049	4.6%
	旅行预订	22.6%	4028	24.0%	4687	16.4%
网络金融类	网上支付	35.2%	6276	47.7%	9320	48.5%
	网上银行	31.9%	5700	36.6%	7161	25.6%
	网上炒股	—	—	4.4%	851	—

资料来源：中国互联网络信息中心（CNNIC）《2015 年农村互联网发展状况研究报告》。

二是从注重农村经济发展向助力美丽乡村建设转变。近年来，美丽乡村成了我国农村地区建设的重点导向。党的十九大以来，随着乡村振兴战略的大力实施，农村地区的经济、社会、文化等各项建设受到了社会各界的广泛关注。根据党的十九大对乡村振兴提出的总体要求，未来我国乡村地区的发展不仅仅要强调经济层面的快速发展与人民收入的提高，更要关注生态环境建设、社会文化等各层面的发展。为此，未来一段时间内，我国农村电子商务的发展要围绕经济、社会、文化、生态等乡村振兴的各个方面展开，从生产、生活、生态等方方面面增强农民群众的参与感、获得感和幸福感，努力形成农村互联网新经济，最终推动数字乡村的形成。农村电子商务的兴起，带动了工商业在农村的复兴，最为典型的就是大量淘宝村、微商村的诞生。近几年，社交电商、社群经济、网络众筹、网上认养等新型"互联网+农业"模式的出现，让生态农业比以往有了更好的发展基础。同时，电子商务的发展促进了外出人口的返乡创业，人口回流和生活水平的提高，进一步激发了农村地区的发展活力，并加快了美丽乡村建设的步伐，促进了农村人居环境的整治。

三是电商扶贫逐步成为我国扶贫的重要路径。当前，以农村电子商务为主要载体，逐步加载并集聚涉农公益服务、便民服务和培训体验等各类服务，为农民提供灵活便捷的"一站式"服务，已经成为我国解决农业公益服务和农村社会化服务供给不足、资源分散、渠道不畅、针对性不强、便捷性不够等问题的重要方式。如益农信息社、村邮站、供销e家及各类企业的服务网点都延伸到了乡村，并集网络销售、信息服务、便民服务、物流服务、农村金融服务等功能于一体。农村电子商务与各类服务融合发展，使电商扶贫成为我国精准扶贫的重要手段。2014年以来，商务部会同财政部、国务院扶贫办开展电子商务进农村综合示范工作，累计支持1016个示范县，其中贫困县737个，占全国贫困县总数的88.6%。商务部政府网站首页开通电商扶贫频道，开发了电商扶贫App。同时，各大电子商务平台也在积极开设扶贫专区，为贫困地区产品网络销售给予流量支持、减免网店经营费用等优惠措施。此外，农村电子商务激发了青年群体返乡创业的热情，为返乡、下乡人员扎根农村、从事农业、服务农民提供广阔的创业创新平台，返乡人员的成功创业为当地农民起到了示范效应，助推了一批农民积极创业，提高自身收入，并顺利实现脱贫致富。

三、我国农村电子商务的主要模式

当前，我国农村电子商务发展模式众多，从农村电子商务平台上来看，主要包括以下几种模式。

（1）B2C类综合平台。包括京东、苏宁易购等，它们将农产品送至消费者手中，亦将工业商品销往农村地区。

（2）C2C类平台。以农村淘宝为代表，直接提供农村用户和城市用户之间的商品交流。

（3）社交、服务类平台（C2B、S2B2C）。包括云集、拼多多、美菜网等。由于当前农村互联网发展主要依赖移动端网络，村民使用手机上网的比例已远超桌面电脑。一些涉及农村电子商务的企业也将重心转向手机

App，发展农村社交电商。

(4) 供应链服务类平台（B2B2C、B2M）。包括中农网、村村乐等。

随着农村电子商务的发展，我国各地也结合区域特点与产业基础，纷纷探索了符合自身特点的农村电子商务发展模式。从县域层面来看，我国农村电子商务发展的典型模式主要包括以下几种（见表4-2）。

表4-2 我国农村电子商务典型模式对比

模式名称	清河模式	沙集模式	遂昌模式	通榆模式
模式构成	宣传+品牌+电子商务	农户+物流网络+企业	传统行业+商务平台	科技支撑+标准化服务
路径选择	品牌化道路	资源整合道路	平台化道路	标准化商品
环境特点	当地传统的羊绒产业具有显著优势，政府扶持与创新的营销方式	个体农户自主创业，村民简单模仿	依托本地传统的特色行业，借助电子商务综合服务平台	对分散的、规模小的卖家统一培训，统一采购标准
优势	政策环境鼓励，多样的网络营销与推广，促进当地羊绒产业发展	从个体为主向企业为主转变，促进产业链延伸与附属产业的发展	政府大力支持，政策环境良好，拥有专业化的电子商务协会	实行规模化种植和标准化服务，统一包装和运输
不足	产品缺乏规模化的生产，导致产品质量与品质参差不齐	产业模式易被复制，商品同质化严重，竞争激烈	产品附加值不高，流通环节过多，极易导致信息的不对称	当地物流基础设施和信息网络建设不完善

资料来源：龚榆《我国农村电子商务发展现状、问题及对策研究》。

（一）浙江遂昌模式

遂昌县位于浙江省丽水市，是个典型的山地县，山地面积占总面积的88%，素有"九山半水半分田"之称。其经济发展以农业经济为主，农林特色产品丰富。2012年全县电子商务交易额达1.5亿元，2013年1月淘宝网遂昌馆上线，2014年"赶街项目"启动。据阿里研究院的统计，到2014年，遂昌县电子商务交易规模达5.3亿元。当前，遂昌县已经初步形成以农特产品为特色、多品类协同发展、城乡互动的县域电子商务"遂昌现象"。在初期的"遂昌现象"之后，遂昌探索的步伐并未停止，逐渐提升为"遂昌模式"。"遂昌模式"的核心是"服务商"，以本地化电子商务综合服务商作为驱动，带动县域电子商务生态发展的"生产方+服务商+网络分销商"的模式。

电子商务服务商包括两块，一块是"遂昌网商协会"下属的"网店服务中心"，其核心业务为整合可售货源，组织网络分销商群（以当地网商为主），统一仓储及发货服务。"网店服务中心"在遂昌农产品电商化的过程中发挥了重要作用，主要体现在：制定并推行了农林产品的产销标准，直接或通过农村合作组织间接地推动农户及加工企业按照上述标准去生产和加工，提升了当地网货的质量；设立了"产品展厅"和"网络分销平台"，统一制作商品的数据包（图片、描述等）用于支撑网上分销商选货和网销，降低了网商的技术门槛；统一仓储，按照网络分销商们获得的订单统一发货并提供售后服务；推动实现了各环节的社会化大协作——农户、合作社只管做好生产，加工企业只管做好加工，网络分销商只管做好推广销售工作。

遂昌县电子商务服务商的另一个平台是"赶街项目"的推出。为突破农村宽带网络基础设施、电子商务操作和物流配送等农村电商发展瓶颈，"赶街"在每个自然村建立一个村级服务站，让农村居民在村内实现购物、售物、缴费等一站式办理，从而实现"消费品下乡"和"农产品进城"。随后，丽水市在全市范围内推广了"赶街模式"，截至2019年1月，累计建成各类农村电子商务服务站点4045个。其中，"赶街"农村电子商务服务站点有1268个，累计为村民提供服务70万余次，涉及金额6800余万元。

（二）吉林通榆模式

吉林省通榆县隶属吉林省白城市，地处偏远，交通不便，是典型的东北农业县、国家级贫困县，是我国著名的"杂粮杂豆之乡"，绿豆、葵花等多项农产品的产量居全国之冠。2013年以前，通榆县仍以批发和零售渠道卖原品的传统方式销售农产品，农村电商发展基础落后。为改变这一状况，2013年年末，在当地县委县政府的鼎力支持和深入参与下，由社会力量投资成立了一家名叫"云飞鹤舞"的电子商务公司。"云飞鹤舞"以网上直销为主，也有少部分产品经网络分销商卖出，且多是外地的网络分销商，其业务核心在于整合生产方（农户、生产基地、合作社或农产品加工企业等）的产品（小米、绿豆、燕麦和竹豆等），然后将这些产品经淘宝平台卖出。

为进一步推动农产品电子商务的发展壮大，通榆县政府在"云飞鹤舞"的基础上，与杭州常春藤实业有限公司开展系统性合作，打造"三千禾"品牌，同时配套建立电商公司、绿色食品园区、线下展销店等，初期与网上超市"1号店"签订原产地直销战略合作协议，通过"1号店"等优质电商渠道将产品销售到全国各地，后期开展全网营销，借助电子商务全面实施"原产地直销"计划，把本地农产品卖往全国。总而言之，通榆县的农村电子商务发展模式可以归纳为"生产方+电商公司"的模式。

（三）江苏沙集模式

沙集镇位于江苏省徐州市睢宁县东部，总面积为66平方千米。2006年以前，江苏省沙集镇的村民大多从事传统的种植、养殖和粉丝的生产加工，以及废旧塑料回收加工等活动。2006年年末，24岁的孙寒为了销售简易拼装家具，在好友夏凯、陈雷的帮助下，尝试在淘宝网上开店创业，试销简易拼装家具并获得成功。在孙寒、夏凯、陈雷的示范带动下，沙集镇的村民纷纷开始"触电"，尝试通过电子商务平台开展销售活动，沙集镇农村电子商务的发展也随之起步。随着电子商务在本地的快速发展，沙集镇逐步形成了规模可观的家具加工制造业，涵盖各式各样的家具。2010年，中国社会科学院信息化研究中心和阿里研究中心经过对沙集进行实地调研和论证，发布了《"沙集模式"调研报告》，报告中提出"沙集模式"是农村经济中信息化带动产业化、产业化促进信息化的典型，认为其核心是"网络+公司+农户"。

随后，"沙集模式"成了从中央到地方关注的焦点。睢宁县开始在全县大量复制、推广"沙集模式",推进睢宁电子商务产业发展,并先后出台了《加快电子商务发展意见》《电子商务推广实施方案》《电子商务万人培训方案》《电子商务引领经济跨越发展的实施意见》《复制推广"沙集模式"工作重点》等 10 多个政策文件,从加大资金支持、促进产业集聚、制定规范标准、加强品牌建设等方面着手,推动全县农村电子商务发展,促进产业提档升级。自 2011 年起,睢宁县财政每年拿出 1000 万元电商专项发展资金,专门用于扶持电子商务发展。政府出资 3000 万元成立小额贷款担保公司,为网商贷款提供担保服务;专门拿出 1000 万元资金作为担保基金与县内银行合作,创新开展基于电商交易记录的免担保、免抵押"网商贷"融资产品。睢宁县还积极推动了电子商务产业集聚,从 2012 年开始启动建设沙集电子商务创业园,规划建设 66 万平方米的江苏金泉电子商务产业园,打造集生产、电商、物流、服务于一体的电商产业基地。推动大型传统商贸市场转型,建成八里电子商务产业园。为促进产业提质升级,睢宁县政府制定出台了《睢宁县沙集电子商务家具产品质量提升工作方案》,成功争取国家市场监督管理总局在睢宁设立"电商家具产品质量提升示范区",在沙集设立电商监管分局,全力服务推动示范区建设。在此基础上,统一制定实施板材使用标准、产品生产标准,严格家具喷漆环保标准和家具产品检测标准,努力建立全流程标准。睢宁县还利用沙集已经形成的影响力和知名度,着力打造电商家具公共品牌,推广使用集体商标"睢宁沙集",实行统一品牌、统一管理、统一服务规范化发展模式。此外,睢宁县高度重视电子商务人才培养工作,自 2012 年起,政府采取购买服务的方式,由专业培训机构为群众提供电商培训服务并进行跟踪服务指导,不断扩大农民网商创业群体。特别是从 2014 年实施"电子商务万人培训"活动以来,每年培训人数均超过 1 万人次,累计培训人数达到 4 万多人次,培育了众多电商创业主体。为进一步强化电商培训效果,睢宁县与淘宝大学合作,在睢宁设立全国首家市级电商培训中心,开展专业化培训。

如今,经过发展的睢宁电子商务,已经从最初的"沙集模式"走向了全新的"睢宁经验"。目前，睢宁已形成了"东部电商家具、西南部小饰品、西北部特色农产品、中部传统店铺与网店结合"的线上线下"四大电商特色片区"，打造出了"一条产业带、两个县级产业园及六个镇级电商集聚区"的发展格局，走出了一条信息化带动新型工业化、城镇化，振兴乡村的电商发展之路。据了解，2017年，睢宁县电子商务交易额达216亿元，拥有网商3.2万户，网店4.3万个，带动超20万人就业，电子商务增收占全县农民人均纯收入增量超50%。截至2018年10月，睢宁县已拥有92个淘宝村、10个淘宝镇，继续成为江苏省最大的淘宝村集群，居全国第四名。

（四）河北清河模式

清河县有"中国羊绒之都"的称号，作为曾经的历史名县，如今更以其强大的羊绒产业闻名世界，更有"世界羊绒看中国，中国羊绒看清河"的说法。清河县拥有全国80%、全球50%以上的羊绒加工能力；山羊绒产量长期占全国的60%以上、全球的40%以上的份额，具有非常雄厚的产业基础。清河电子商务正是依靠着这个专业的、传统的大市场得到了快速的发展。

2007年，东高庄村民刘玉国开始尝试进行淘宝销售，其销售成果显著，引发其他村民纷纷效仿，随着店铺数量逐渐增多、销售额屡创新高、从业人员快速增加，以及相关的物流、包装、设计等产业配套不断健全，东高庄附近形成了几个专门在淘宝售卖羊毛衫产品的聚集区和集群，这就是清河农村电子商务发展的起源，其农村电子商务的发展呈现出典型的淘宝村集聚发展特征。当前，在河北清河，电子商务成了最具特色的商业群体，清河也成了全国最大的羊绒制品网络销售基地。根据2018年中国县域电商大会发布的"电商示范百佳县"，清河县位列第二。

"清河模式"主要是"专业化+淘宝平台"的组合模式，是在当地政府和淘宝网平台双方的良好配合下形成的。其中，政府的有力扶持主要体现在以下两个方面。

一是积极建设农村电子商务发展平台。在软件方面，建设了专业供货的"百绒汇"网站、B2C模式的"清河羊绒网"和O2O模式的"清河羊绒智汇购商城"等平台,确立了全网销售渠道,构建了特色产业网络销售新生态。在硬件方面,清河县政府规划了占地400亩①、总建筑面积26万平方米的清河县电子商务产业园,分为商务区、独栋办公区和仓储物流区;建成了总投资达1.15亿元的龙飞现代物流园,吸引了包括全国十大知名快递公司在内的20多家快递公司在清河设立了运营网点,清河已成为冀东南快递公司最多、业务量最大的县;引进邮政、申通、中通、菜鸟等20多家知名物流快递公司,实现物流配送全覆盖,真正打通农村物流配送的"最后一千米"。

二是以"三大中心"为依托,助力淘宝村跨越式发展。清河县政府着力部署建设了孵化中心、质量检测中心、产品研发中心三大中心,为农村电商提供全方位服务。孵化中心:一方面聘请精通设计和运营的人才下村指导农民经营网店,另一方面对接杭州优质设计公司,对网店图片、模特、服饰样式等进行外包。质量检测中心:争取"羊绒制品质量监督检验中心分支机构"落户清河县羊绒园区。产品研发中心:成立了羊绒新产品研发中心,与中国流行色协会、清华大学美术学院等机构在人才培训与羊绒新产品开发等方面展开合作,培训专业设计工艺人员100余人次,推广新品服饰1200余款。

此外,清河县农村电子商务的发展也离不开阿里巴巴集团对淘宝村的全方位支持。清河县是河北省第一个推广农村淘宝的县,农村淘宝县级服务中心成立后,阿里巴巴集团从电子商务培训、推进网络覆盖、改造并新建农村电子商务服务网点、配送体系建设、培育农村电商服务平台5个方面在当地农村建立较为完备的电商服务体系。比如,在资金上,优先在清河县农村试点推行"旺农贷",通过农村淘宝服务站的合伙人——"村小二"给那些需要资金的淘宝商户提供纯信用无抵押贷款。截至2016年,通过"村小二"发放贷款2000余万元,放贷额位居全国第一,帮助农户数量达70余户。

---

① 1亩约等于666.67平方米。

第二节 广州市电子商务发展的总体状况

一、广州市电子商务发展历程

1996 年，广州市正式建立了对外服务的"广州视窗"网站（www.gznet.com），它成为中国最早的中文网站之一。从此，广州互联网以及电子商务开始起步，至今已经发展了 20 多年。20 多年来，广州市电子商务得到了高速发展，发展规模不断扩大，电子商务应用领域与行业也不断拓展。总体来看，广州市电子商务的发展大体经历了三个阶段，分别是电子商务探索起步期（1995—2002 年）、电子商务快速成长期（2003—2012 年）、建设亚太电子商务中心时期（2013 年至今）。

（一）电子商务探索起步期（1995—2002 年）

这一时期，既是广州市互联网起步发展的时期，也是广州市电子商务探索发展的起步时期，其突出特征是第一批电子商务网站创办与发展，电子商务发展由最初的"概念"转向"实践"。这一时期大致可以分为两个阶段，第一阶段为 1995 年至 2000 年，广州市涌现了网易、环球市场、太平洋网络、广州视窗、中国汽车用品网、纵横天地电子商旅服务有限公司、在线广交会、玄武科技、大洋网等一批电子商务网站。如环球市场于 1995 年成立，主营国际营销业务，帮助国内最优质的制造商进行海外营销，成为国内三大 B2B 平台之一。1997 年 6 月，网易公司正式成立，并于 1998 年 1 月开通免费电子邮件服务，推出免费域名系统。1999 年太平洋电脑网正式推出，它是国内首家以专业电脑市场联盟为基础的大型 IT 资讯网站。可以说，2000 年以前是广州市互联网以及电子商务起步的高潮阶段。

第二阶段为 2000 年至 2002 年，随着 2000 年互联网泡沫的破灭，以及 8848 等国内第一批电子商务企业的倒闭，广州市电子商务的发展进入了"寒冬"时期。受到国内互联网企业倒闭潮的影响，广州市互联网以及电子商务领域的企业家的信心受到严峻的挑战，创业者的积极性与热情也受到了严重的打击，广州市电子商务网站的数量与规模都急剧缩减。部分企业尤其是严重依靠外来投资"输血"，而自身尚未找到盈利模式、不具备"造血"功能的企业，没有经受住环境的考验，而逐步退出市场。广州市电子商务进入了一个调整时期，众多互联网企业都在积极探索调整、转型的方向。

（二）电子商务快速成长期（2003—2012 年）

这一时期，广州市电子商务的发展较为复杂，大致可以分为三个阶段。第一阶段为 2003 年至 2005 年，广州市电子商务的发展逐步复苏。在 2003 年一场突如其来的"非典"后，我国电子商务出现了快速复苏回暖的现象，部分电子商务网站也在经历过泡沫破裂后，更加谨慎务实地对待盈利模式和低成本经营，电子商务进入收益性通道，由开始运作转向逐步赢利。这一时期，国内电子商务也出现了一系列重大事件，如 2003 年 5 月，阿里巴巴投资 1 亿元人民币成立淘宝网，进军 C2C 领域，改变了国内 C2C 市场格局。2003 年 12 月，慧聪网香港创业板上市，成为国内 B2B 电子商务首家上市公司。与此同时，我国也从政府层面开始加强对互联网以及电子商务领域的立法与管理，2004 年 8 月，第十届全国人大常委会第十一次会议表决通过了《中华人民共和国电子签名法》。2004 年年底，由时任总理温家宝主持的信息化领导小组第四次会议，通过了《关于加快电子商务发展的若干意见》。随着国内电子商务发展形势的回暖，以及国家层面对电子商务的重视，广州市电子商务发展也开始逐步复苏。如 3G 门户网创立于 2004 年 3 月，是国内最早、最大的移动门户网站，开创了无线互联网上独立免费 WAP 模式。

第二阶段是 2006 年至 2007 年，广州市电子商务发展进入了崛起和高速发展时期，应用电子商务的企业数量开始明显增加，实现网站电子商务到企业电子商务的历史转变。2006 年以来，广州市互联网环境的改善、理念的普及给电子商务带来巨大的发展机遇，电子商务发展规模迅速扩大，各类电子商务平台会员数量持续增加。2007 年广州市电子商务交易额超过 1600 亿元，位居全国城市第三。太平洋电脑网、中国音像商务网、中国建材交易总网、国际玩具礼品网等一批专业电子商务平台初具规模。

　　第三阶段为 2008 年至 2012 年，随着行业整体发展逐步成熟，广州市电子商务的发展也进入了一个转型升级的阶段，该阶段特征表现为：电子商务应用行业与领域不断扩大，新兴发展模式不断涌现。2008 年，全球金融海啸致使珠三角地区大量中小企业举步维艰，出口导向型电子商务服务商或关闭、或重组、或增长放缓。2009 年，广州市政府开始大力建设"信息广州"，提出大力发展面向国际的电子商务，构建现代化商贸模式，打造"网络商都"。随后，广州市出台了《广州市中小企业电子商务应用扶持资金管理暂行办法》，通过切实的财政扶持手段，普及中小企业电子商务的应用。广州市内贸型 B2B 与垂直细分 B2C 获得了新一轮的高速发展，传统厂商也纷纷涉水电子商务，B2C 由此取得了前所未有的发展与繁荣，涌现出大量专注于细分行业的 B2C 电子商务网站。该时期，电子商务行业模式、产品、服务等方面的创新层出不穷，如 2009 年 1 月，网易"有道"搜索推出国内首个面向普通大众提供购物搜索服务的购物搜索，推动互联网产业"购物搜索时代"的启幕。广州市电子商务的发展得到了国家乃至社会各界的广泛认可，2011 年广州市获得国家电子商务示范城市授牌。

　　此外，广州市移动电子商务也开始迅速崛起，广州市开始了创建国家移动电子商务试点示范城市行动，移动电子商务应用领域迅速拓展。在"国家移动电子商务试点示范城市"建设的带动下，广州地区三大电信运营商加速在移动电子商务领域布局，中国移动南方基地、中国电信亚太信息引擎、中国联通音乐基地等加快建设。广州移动互联网领域的两大企业——全球最大的手机浏览器公司 UC 和亚洲最大的应用程序开发集群久邦数码公司，开始在电子商务平台和手机支付等领域相继推出具备国内领先、国际先进水平的产品和服务。

(三) 建设亚太电子商务中心时期 (2013 年至今)

2013 年 3 月，广州市出台了《广州市人民政府办公厅关于印发加快电子商务发展实施方案（试行）的通知》（以下简称"试行方案"），其中明确提出推动广州成为"亚太地区重要的电子商务中心"。自此，广州市电子商务步入了建设亚太电子商务中心的时期。围绕着建设亚太电子商务中心，广州市出台了一系列政策文件，2014 年广州市修订了"试行方案"，并于当年 9 月出台了《广州市人民政府办公厅关于印发加快电子商务发展实施方案的通知》，明确提出从 2013 年起连续 5 年，市财政每年投入 5 亿元扶持电子商务发展。随后，广州市商务委联合市工信委、市财政局制定并印发《广州市电子商务发展专项资金管理办法》，进一步规范了市电子商务发展专项资金的管理，提高了专项资金的使用效益。2014 年 8 月，广州市政府出台了《广州市人民政府办公厅关于全市电子商务与移动互联网集聚区总体规划布局的意见》，针对广州市电子商务产业集聚度不高、配套服务体系不完善等突出问题，提出了"1＋1＋9"的规划布局方案。"1＋1"是指 1 个总部区和 1 个产业集聚发展区，分别在海珠区琶洲和荔湾区白鹅潭规划建设；"9"是指 9 个产业基地，分别在其他 9 个区结合各自实际情况规划建设，突出各区的产业特色，避免恶性竞争。

为此，2013 年以来，广州市电子商务发展规模持续扩大，发展质量不断提升，区域影响力也得到了显著提高。根据阿里研究院发布的《2016 年中国"电商百佳城市"榜单》，广州市位列第三，电商发展指数达 31.819，仅次于杭州、深圳（见表 4-3）。广州市电子商务行业应用实现纵深发展，塑料、钢铁、化工、木材、茶叶、鞋业、皮革皮具等专业市场也积极利用电子商务开展转型升级。同时，移动互联网也迅速拓展，在即时通信、移动娱乐等领域达到全国领先水平。以微信为代表，截至 2016 年年底，微信月活跃用户数量达到 8.89 亿人，逼近 9 亿人，2016 年 12 月微信支付月活跃账户及日均支付交易笔数均超过 6 亿。

表 4-3 2016 年"电商百佳城市"前十名

排名	城市	电商应用指数	电商服务指数	电商发展指数
1	杭州	24.818	50.812	37.500
2	深圳	32.199	33.946	33.073
3	**广州**	**27.710**	**35.927**	**31.819**
4	金华	24.066	32.370	28.188
5	上海	19.798	29.134	24.466
6	北京	20.195	26.436	23.316
7	泉州	13.590	26.574	20.082
8	武汉	17.833	17.646	17.739
9	厦门	20.290	12.889	16.590
10	东莞	21.844	11.101	16.472

资料来源：阿里研究院《2016 年中国城市电子商务发展指数报告》。

此外，广州市于 2013 年 9 月被中华人民共和国海关总署批复成为跨境贸易电子商务服务试点城市，赋予广州海关特殊监管区域优惠政策，率先试行跨境贸易电子商务备案制管理。自此，广州市开启了跨境电子商务发展的步伐。2014 年以来，广州市跨境电子商务进出口一直保持着高速增长的态势，从 2014 年的 14.6 亿元增长到 2016 年的 146.8 亿元，3 年内规模扩大了 10 倍左右。2016 年，广州市跨境电商进出口总值占全国跨境电商进出口总值的三分之一左右（29.4%），占全省的一半以上（64%）。截至 2018 年 4 月，在广州市开展跨境电子商务业务的企业约有 1200 家，主要包括 B2B2C（网购保税进出口）、B2C（直购进口）和 B2C（零售出口）等类型，其中广东邮政邮件快件服务有限公司、卓志供应链服务集团有限公司、广新贸易发展有限公司和广州轻出集团易链通贸易有限公司等企业成长为我国跨境贸易电子商务行业领域中的龙头企业。

二、广州市电子商务发展状况

自电子商务发展起步以来，广州市电子商务发展速度较快、发展势头迅猛，受到基础设施、产业基础、市场环境、发展历程、政策措施、人文环境等因素的影响，广州市电子商务产业实力雄厚、电子商务产业集聚态势日渐显著。

（一）电子商务产业实力雄厚

中国电子商务研究中心（www.100ec.cn）监测数据显示，2017年广州市网上商店零售额为786.68亿元，同比增长19.3%；广州市跨境电子商务进出口贸易额达227.7亿元，同比增长55.1%，连续4年居全国试点城市首位。阿里研究院《2016年中国城市电子商务发展指数报告》显示，广州市电商发展指数位列全国第三。同时，广州市电子商务企业众多，涌现出一批行业领先企业。截至2018年，广州市开展网络销售的电子商务企业超20万家；被认定为国家电子商务示范企业共10家，被认定为广东省电子商务示范企业共58家；共有唯品会、环球市场、欢聚时代、久邦数码等16家电子商务上市企业，另有新三板电子商务企业23家，其中唯品会和摩拉网络（梦芭莎）入选中国互联网企业100强，七乐康药业入选全国医药电子商务10强，在天猫医药馆多年排名第一。

广州市电子商务与实体经济的融合也不断加深，截至2018年，广州市85%以上的品牌专卖店开展了网络零售，广百、友谊、海印等传统商贸巨头纷纷探索O2O移动互联网商业模式。以广州市广百股份有限公司（以下简称"广百股份"）为例，2009年年底，广百股份开通了广百百货网上商城，并于2012年正式更名为"广百荟"，提供货到付款、网上预售、即时客服等服务。2012年至2014年，广百股份网上销售快速扩张，营业额年均增速近80%。2015年，广百股份紧抓广州市跨境电子商务试点城市建设的战略机遇，成功开通"广百荟·跨境购"频道，并同步开幕广百黄金珠宝大厦、广百新一城、番禺新大新三家体验店，销售母婴用品、保健品、日用品、零食、家电等商品。此外，广州市电子商务在垂直细分领域发展也处于全国前列，在网络零售、大宗商品交易、商务信息服务、社区电子商务、数字娱乐等领域产生了唯品会、梦芭莎、广东塑料交易所、环球市场、太平洋电脑网、中经汇通、39健康网、妈妈网、酷狗音乐、多玩游戏网等垂直领域的国内单项冠军。其中，广东塑料交易所已经发展成为我国客户规模和交易规模最大、交易品种最齐全的塑料现货交易中心,其发布的塑料商品价格指数——"塑交所·中国塑料价格指数"已升级为国家级价格指数。

(二)电子商务产业集聚态势显著

按照"1+1+9"的布局思路,广州市大力推动黄埔云埔、荔湾花地河国家级电商示范基地的建设,以及琶洲互联网创新集聚区的发展,并结合其他各区电商产业特色和比较优势,推动了电子商务产业集聚区的建设,逐步形成分层次、分梯度的电子商务产业集聚态势。

第一,琶洲互联网创新集聚区发展初见成效,目前已经吸引了腾讯、阿里巴巴、复星、国美、小米、YY、唯品会、环球市场、粤传媒、科大讯飞等14家企业在海珠区注册26个项目及业务运营公司,总注册资本达109亿元。2018年1月至8月,琶洲互联网创新集聚区企业实现总营收超100亿元,同比增长80%。目前,各项目建设进展顺利,环球市场、唯品会项目已封顶;阿里巴巴、复星项目局部封顶;国美、小米正在推进地下结构施工;广州市工商联、科大讯飞、欢聚时代、腾讯、华邦、TCL、康美药业、粤传媒、粤科金融正在推进基坑施工等。

第二,荔湾花地河电子商务集聚区的集群规模已经初步形成。花地河电子商务集聚区是在原广船、广钢等工业企业腾退用地的基础上发展起来的,集聚区将原广东水利水电厂厂房、金珠江双氧水厂厂房、美晨集团旧厂房、广州织金彩瓷厂厂房、广州新花海仓等旧厂房、旧仓库,改造建设了立白大厦、信义·国际会馆、1850创意产业园、广新信息大厦、广州工业设计园、广佛数字园三期、荔湾留学生科技园东沙创业中心等产业园区,吸引了唯品会、立白集团、七乐康、东星集团、亚虎文化传播、广州优医信息科技有限公司等产业项目入驻。目前,已经集聚了1家国家级电子商务示范企业、7家省级电子商务示范企业、5家市级电子商务示范企业,以及广州勤昌、蓝深贸易、中华商务贸易公司、魅达网、黎氏国际贸易等一批跨境电子商务企业。2015年7月,花地河电子商务集聚区正式入选"国家电子商务示范基地",成为国家级示范基地。2016年,花地河电子商务集聚区电子商务网上交易额达4300多亿元,其中网络销售额390亿元,同比增长60%。

第三,作为国家首批"国家电子商务示范基地"之一,黄埔云埔电子商务园区"一基地、四组团、多园区"的产业布局日渐清晰,目前已经聚集了亚马逊、腾讯、鱼珠木材、化工交易中心、中经汇通、酒仙网、易票联等一大批国内外知名电子商务企业,电子商务品牌企业和电子商务服务机构达120多家,初步形成了"龙头企业+中小微企业"集聚的发展态势,涵盖综合性电子商务平台、垂直电子商务平台、金融电子商务、跨境电子商务和传统企业应用电子商务等多种业态。

第四,发挥自贸区的政策优势,南沙已经初步形成了跨境电子商务集聚发展的态势。截至目前,南沙区已经形成了以保税港区跨境电商仓库物流为基础,扩展多个跨境电商实体体验店的特色跨境电商产业发展模式,跨境电商仓库总面积达到了10万平方米以上,吸引了京东国际、1号店、聚美优品、苏宁云商、唯品会、当当网、天猫国际等国内大型电商企业跨境电商业务相继落户。截至2016年12月,已有1007家全国各地的跨境电商企业在南沙自贸区口岸监管部门备案并开展跨境电商业务;2016年1月至11月,累计审核进境电子清单1362.28万票,总价值约26.94亿元,同比增长271.4%。

第五,花都已经建成以空港为核心的跨境电子商务试验园区。自2014年7月封关运作以来,广州白云机场综合保税区(以下简称"机场综保区")充分利用海关特殊监管区域的政策优势和"区港一体"的有利条件,成为广州跨境电商试点园区,在推动广州空港跨境电子商务发展方面取得了一定成效。目前,已经获批在机场综保区开展跨境电子商务业务的企业达108家,其中电子商务企业64家,物流配套企业14家,支付企业2家,成功开展B2B和B2C保税进口、B2C直购进口和个人物品等3类跨境电子商务业务,跨境电子商务商品备案项目数量约6.5万种,主要涉及母婴用品、服装鞋帽、饰品、食品、护肤品、营养品等10多个类别,主要来自欧洲、大洋洲及美国、日本等地。

第三节 广州市农村电子商务发展状况

一、广州市农村信息化进程

1998年开始，广州市大力推进农业信息化，广州市农业主管部门组建了农业信息中心，先后开通了广州农业信息网、广州蔬菜网、广州海洋信息网、广州花卉网、广州荔枝网等。为丰富网站内容，在全市农业科研单位、各区、县级市、镇、部分村、龙头企业建立约300个信息点；与江南蔬菜批发市场、白云山农产品批发市场、黄沙水产品批发市场、南源水果批发市场、百兴三鸟批发市场、嘉禾生猪批发市场、广州岭南花卉市场建立了市场信息采集合作关系。2004年，广州市信息化办公室组织实施了政企共填数字鸿沟行动，开始着手推动镇、村的信息化基础设施建设。广州市政企共填数字鸿沟行动提出采取3个"一点"（即市政府投入一点、区政府投入一点、企业赞助一点）的办法，用3年时间，实现三大目标：第一，实现城区每个居委会、农村每个行政村至少有一台电脑联上互联网；第二，实现农村每个镇建一个村民上网培训中心，每个村民上网培训中心要有30～40台电脑，供培训镇村干部、村民上网、劳动力就业转移使用；第三，实现在农村行政村和城区街道各建100个免费上网服务站，供低收入家庭的市民、村民免费上网。通过实施政企共填数字鸿沟行动，截至2007年，广州市基本实现39个镇都建有村民上网培训中心，在90个行政村建立村民上网服务站、残疾人上网服务站。此外，2004—2005年，广州市还实施了农村信息服务网络延伸项目建设。通过该项目的实施，广州市在全市60%的镇农办设立了信息服务站，初步具备信息服务的硬件环境。

2006年，为响应建设社会主义新农村的要求，广州市信息化办公室又启动了镇村信息化试点工作，在有农村的5个区、2个县级市各选择一个镇,作为农村信息化的试点。其中,7个镇中有5个是中心镇,2个是山区镇,试点由市信息化办公室指导,提供必要的支持,区、县级市组织有关部门和试点镇落实责任,合力推进。广州市希望借助农村信息化试点,将电子政务延伸到村镇,带动村民信息能力逐步提高,接受政府提供的各种网络服务,共享信息化建设成果,同时推动农业龙头企业、种养大户开展网上营销,逐步走向电子商务。

此后,广州市持续推动信息技术在全市范围内农业和农村领域的普及应用。截至2010年,全市有农业的7个区(县级市)、34个建制镇、1146个行政村实现了接通广播电视和使用互联网,固定电话村通率和移动通信信号覆盖率均达100%。32个重点农业镇及部分村社依托"广州农业信息网"建立了农业信息服务站,部署计算机终端468台。在网站建设方面,2010年广州市一级开发建设的各类涉农行业网站数量达14个,各区(县级市)开发的涉农子网站达60余个,基本形成了以"广州农业信息网"门户网站为核心,以农业电子商务网、海洋信息网、蔬菜网、花卉网等专业子网为骨干,以区(县级市)、镇、村等区域子网为基础的全方位农业信息网站群。2010年以来,广州市着力开展了城中村宽带光纤化网络改造,并成功推行"村社自建、电信运营企业和第三方投资建设相结合"的模式。2015年,广州市实施了"全光网城市"和"村村通光纤"工程,全市1144个行政村成功开通光纤业务,100%行政村实现光缆覆盖。

二、广州市农村电子商务的发展

2006年以来,广州市依靠农村信息化试点工作,开始逐步探索农村电子商务的发展。"十一五"期间,广州市率先实施了网上"菜篮子"工程,东川新街市成为首家实施网上"菜篮子"的全国绿色样板市场。同时,开辟了华南农产品交易网、绿色菜篮子网、优鲜生活、东升农产等多家网上选购农产品交易平台。其中,华南农产品交易网通过整合广州主要农产品批发市场价格、供求信息资源,推出实时价格走势图及价格行情分析,是一个将农产品专业网店推广与展示，信息对接与传播，即时沟通与交流，电子商务交易的即时通信、撮合、买卖等服务功能融于一体的 B2B 与 B2C 融合的第三方电子商务平台。2012 年，广州市供销社开发建设了以小鲜驿站为依托的电子商务平台小鲜 e 站，商品主要以生鲜农产品为主，辅以食品和家庭生活用品，营销采用 B2C 网络模式，依托遍布全市的近 90 个零售终端，实现农产品"网上交易、实体店配送"，推动线上、线下资源互补。

近年来，广州市进一步加大了农村电子商务的拓展步伐。

第一，支持本土企业布局农村电子商务板块，大力培育农村电子商务示范企业。如支持风行牛奶、粤传媒、广州邮政等企业纷纷开展农产品网上销售、线下提取业务，利用财政资金扶持广州惠鲜蔬果有限公司、广州盛盈汇电子商务股份有限公司、广州果界信息科技有限公司、广东云图电子商务有限公司等企业的农村电商项目，成功将广州茶里电子商务有限公司培育为第五批市级电子商务示范企业。

第二，开展了农村电子商务专项行动，加强了电子商务平台与涉农企业的对接与合作。2017 年 9 月 14 日，广州市商务委联合从化区农业局、从化区科工商信局、市农村电子商务产业联盟与从化农村电商产业园举办广州农村电商平台与从化涉农企业合作对接活动。据从化农村电子商务协会摸查，对接会成功帮助从化对接企业实现农村电商交易额 4600 万元。2018 年 5 月 31 日上午，广州市举办了 2018 年广州电商平台企业和增城涉农企业对接会，吸引包括盒马鲜生、苏宁、京东等 40 多家电商平台和农产品流通企业，以及超过 100 家增城区优质荔枝果园负责人参加，实现网上销售荔枝 200 吨。同年 6 月 15 日下午，组织召开广州电商平台与从化区涉农企业对接会，吸引了包括阿里巴巴、苏宁、京东等 60 多家电商平台和流通企业，以及超过 50 家从化区涉农企业负责人参加，实现网上销售荔枝 150 吨。

第三，成立了广州市农村电商行业协会。广州市农村电商行业协会于 2018 年 2 月 22 日正式成立，并于 3 月 30 日举办协会成立大会暨农村电商发展高峰论坛。协会目前已吸纳包括风行牛奶、粤传媒、广州邮政、茶里电商、顺丰速递等在内的近70家单位和企业加入。会员单位覆盖了农村电商企业、电商平台、物流企业、涉农企业、专业合作社、肉菜批发市场、连锁超市等农村电商产业链各类型单位。

第四，大力推进农村电商集聚发展。指导从化区农村电子商务产业园规划建设，推动从化区农村电子商务产业园选址城郊街万盛广场，支持其与阿里巴巴农村淘宝合作建设从化区级服务中心。通过市区联动，开展调研，指导其同步配套建设农产品O2O体验馆、创客城、跨境电商服务中心、物流中转仓、电商培训基地等，目前已吸引30多家农村电商企业进驻，健全了农村电商产业链条。

第五，建设完善支撑服务体系。一是指导商协会、企业、高校等开展农村电商人才培训。从化农村电子商务协会将每季度一次的专题培训和每月一次的业务轮训相结合，2017年已培训近2000人次。二是支持广州大学等单位和企业建设双创平台，成功孵化一批农村电商企业。如以广州大学在校大学生为主体运营的"100个农夫"农村电商公司，2017年已实现近300万的交易额。三是引导部分企业开展农产品溯源、质量检测业务，完善农村电商产业链。

第六，着力打造"上、下行"双向流通格局。一方面，支持阿里巴巴、苏宁、京东等大型电商平台在广州扩大农村电子商务业务，推动农村电商服务站建设，促进农村消费，促进工业品下乡和农产品上行。当前，阿里巴巴在从化区建设有83家淘宝村级服务站，总销售额在广东区县农村淘宝中心里位列首位。苏宁易购在广州市从化、增城、花都等区建设有超过30家农村电商服务站。另一方面，支持网上销售平台建设，推动农副产品进城。如推动苏宁易购上线"从化特色农产品馆"，推动广州邮政建设"果蜂"平台，推动广东云图电子商务有限公司打造线上"广东馆"等，以促进从化等区的农产品销售，带动当地农民增收。

第五章 广州市淘宝村的时空演变分析

第一节 广州市淘宝村的发展特征

一、我国唯一一个淘宝村集聚的超大城市

2018 年,广州市淘宝村数量达 125 个,位列全国淘宝村数量最多的 10 个地级市之一。同时,在我国 4 个超大城市(北京、上海、深圳、广州)①中,广州是唯一一个集聚了大量淘宝村的城市,其所拥有的淘宝村数量远超过北京、上海、深圳 3 个城市。2018 年,北京市仅有 11 个淘宝村,而上海、深圳淘宝村的数量均为 0 个。作为我国 4 个超大城市之一的广州市为何独自集聚了数量如此庞大的淘宝村呢?究其原因,可以归纳为以下几点。

(一)商业文化氛围浓郁

优秀的商业地域文化传统与商业文化氛围对激发区域经济发展的创新与活力具有重要作用。电子商务是一种基于互联网的新型商业经营模式,其发展不仅要利用技术上的创新,更需要思想上和机制上的创新,即需要扎根并成长于具有优秀商业文化传统和创新精神的土壤之中。长久以来,广州市便以"千年商都"闻名于世,早在唐宋时期,广州便成了我国第一

---

① 中国国务院发布《关于调整城市规模划分标准的通知》所确定的城市分类。

批商业城市，作为海上丝绸之路的重要起点，带动我国丝绸、陶瓷和茶叶走向世界；到了宋元明时期，广州港更是成为国际著名的贸易港口，号称"东方第一大港"；即使到了清朝闭关锁国的时期，也保留了广州作为我国唯一一处通商口岸，作为清政府专设经营对外贸易的商行，"广州十三行"开启了中国以贸易链接全球的历史，同时也将广州的商业繁荣推上了顶峰。新中国成立以来，广州市成了我国改革开放的先行地区。1978年年底，芳村率先开放部分水产市场，迈开了农副产品开放的第一步，开启了全国价格改革和流通体制改革的先河。改革开放后，广州诞生了全国第一批万元户和个体户一条街——高第街，率先开办了全国第一家"三资"企业。历史悠久的商贸传统，使得广州市商业氛围浓厚，商业发展环境优良。2010—2015年，广州市连续5年夺得《福布斯》中国大陆最佳商业城市第一名。截至2010年，广州市已形成12个商业功能区。同时，广州市已建成营业的大型零售商业网点205个，其中有50.71%分布于广州中心城区，已形成购物中心、百货店、大型超市、专业店、商业城、家居建材商店、仓储会员店等7种业态全面发展的大型商业网点购物体系。

（二）具有大量专业分化的批发市场

广州市专业批发市场发展起步早，历史长，总体规模大。20世纪90年代初期，广州率先放开专业批发市场小商品价格，专业批发市场得以迅猛发展。根据各区统计的数据，截至2018年5月，广州市共有890个单体批发市场、15个市场园区，涵盖皮革皮具、鞋业、纺织服装、五金建材、水产品、珠宝、茶叶、酒店用品、化妆品等多个领域，带动形成了享誉全国的流花服装、站西鞋材、狮岭皮革、三元里皮具、中大布匹、江南果蔬和增城牛仔服装等产业集群。据行业协会测算，广州市批发市场年总交易额约1万亿元，其中超亿元的市场158个，超百亿元的市场10个。而其中四成市场不仅影响中国价格，还影响国际价格，纺织服装、中药材、塑料、木材、水产品等行业甚至已形成了"广州价格"。

除了专业批发市场数量多、规模大以外，广州市专业市场的分工也较为细化。以服装为例，广州市目前已经形成涵盖中高档、中低档等不同品质、类别的多个分化的服装类专业批发市场，包括以销售中高档外贸服装的站前路服装批发专业市场商圈，以销售廉价优质女装、童装的沙河服装批发市场商圈，以销售中低档外贸服装的十三行服装批发市场商圈等。差异化的分销体系为淘宝村网商提供了多样化的进货渠道，满足了淘宝村的产品销售多元化的需求。

此外，广州市批发市场积极拥抱互联网技术，利用信息技术和电子商务进行转型升级，建设现代批发市场。全市60%以上的专业批发市场应用"互联网+专业批发市场"的理念建立了线上店铺，部分有实力的专业批发市场还搭建了自己的电商平台和移动客户端，推动实体市场经营与电子商务运营的线上线下双向融合发展。以花都区狮岭皮革皮具市场为代表的部分批发市场还积极探索向集商品展示、洽谈、接单和电子商务、物流配送为一体的现代批发经营形态转型。（见表5-1）

表5-1 广州市专业市场的转型过程

市场	地摊式马路市场	垂直商城式市场	综合商城式市场	互联网分销式市场
时间	1978—1992年	1993—2000年	2001—2006年	2007年至今
社会背景	统购统销取消，专业市场合法化，政府提供税收减免等优惠	社会主义市场制度确立，土地商品化、高快速路网形成	中国加入WTO（世界贸易组织），出台商业网点规划，提出批发市场园区概念，支持批发园区发展	电商贸易的发展，居民消费升级转型
发展特征	商品的生产与销售集中在本地	市场交易规模化，面向国内市场，部分面向国际市场	规模进一步扩大，走向国际化	实现线下实体档口与线上商品展示、交易互补销售模式
经营空间	由最初摊位式转向专业街，经营环境恶劣	由沿街转向内部，由水平转向垂直空间	展供贸一体化垂直交易模式，结算中心、货物托运中心	60%以上的专业批发市场建立线上店铺

续表 5-1

市场	地摊式马路市场	垂直商城式市场	综合商城式市场	互联网分销式市场
时间	1978—1992 年	1993—2000 年	2001—2006 年	2007 年至今
代表市场	西湖路灯光夜市、高第街服装街、中大布匹市场、沙河第一成衣	白马服装市场、海印布料总汇、中大布匹市场	新天地服装城、沙河第二成衣	沙河大西豪网络批发、沙河女人街网络批发

资料来源：广州市规划院《广州市 125 条淘宝村的背后》。

（三）镇村经济发达

广州市是我国改革开放的先行地区。早在 1978 年，广州市就根据《中共中央关于加快农业发展若干问题的决定（草案）》，率先在从化县江埔公社禾仓大队试行"包产量、包成本、包报酬、包上调，增产节约归己"的家庭联产承包责任制。两三年内，全市农村实行包干到户达到 95%，在全国开启了农村家庭联产承包责任制度的先河。随后，广州市农村地区进一步发挥"敢为人先"的精神，积极推动以乡镇企业为主体的农村工业发展，有效地促进了农村经济生产方式转变与产业结构调整。改革开放初期，广州乡镇企业主要是社队自办企业，1978 年年底全市只有 6745 个社队企业，21 万多人员，营业收入 4.25 亿元。1979 年年底，广州开始推行社办企业体制改革，由于广州乡镇企业的改革开放比国有企业早，改革后的机制又较国有企业的机制灵活，因而在 20 世纪 80 年代到 90 年代初期，广州市乡镇企业取得了快速发展，乡镇企业的营业收入、总产值、利税总额、净利润等主要指标，年均增速都高达 30% 以上。尤其是"八五"期间，广州市乡镇企业发展进入了"黄金时期"，乡镇企业的营业收入、总产值、工业产值的年平均递增率分别高达 50.83%、51.11% 和 61.54%。在广州市乡镇企业发展的最高峰时期，广州市乡镇企业安排了 100 多万农村富余劳动力就业；在农民的集体收入中，有 60% 以上来自乡镇企业发放的工资和企业利润的分配；在全市的工业总产值中，乡镇工业占 45% 以上。1997 年后，在国家金融、税收等政策发生重大调整的背景下，广州乡镇企业开始进行以产权制度为核心的转制和转型,很多集体性质的乡镇企业转制为民营企业。2002年,广州市启动了中心镇规划和建设。近几年进一步加强了企业与产业的结合、整合,不仅考虑企业的集中,而且连带产业的集中也一起规划和整合,从而形成了较大的工业园、区域专业生产基地,如花都区狮岭镇的皮具城、新华镇的珠宝城、花山镇的汽配城,增城区的汽车产业基地,从化区的明珠工业园等。乡镇企业的发展有力地推动了广州市农村工业化的进程,使广州市大部分乡镇、农村地区都有较强的工业基础,这为淘宝村的发展奠定了优良的产业基础。

此外,广州市还率先在全国试行农村合作经济股份制,1987年便以天河区沙河镇为试点,进行了农村合作经济股份制改革。主要包括:一是把集体财产清产折股量化到人,明晰了产权关系;二是建立股份合作产权制度,吸收社员以现金扩股,使合作内涵扩展到资金的联合;三是重新构造经济合作社的组织形式、管理制度和分配制度,造就了农村新型的企业制度。这一新型制度兼有合作制和股份制的优点,执行"一视同仁"的股权配置原则,以"按份共有"的新型公有制形式,将全部集体资产折股量化到个人,实行"生不增,死不减;进不增,出不减"的股权固化和可继承政策,以及同股同酬、按劳分配和股份分红相结合的分配制度。这种模式既有凝聚生产要素的功能,能够聚集民间资金迅速形成新的生产力,又能容纳各种经济成分和不同层次经济的联合,有利于生产要素的合理流动。此后,各地有不少村、镇也推行股份合作制。到2000年,天河、黄埔、海珠、荔湾等区农村集体经济组织全部实施了股份合作社改革。近两年,海珠区在农村集体经济股份制改革的基础上,继续推进城乡一体户籍制度改革和以"政经分离"为核心的"村改居"综合管理体制改革,全区20个经济联社股份均已量化、固化到户或到人。截至2017年年底,全市农村集体资产总值约1700亿元,完成股份合作制改革的经济联社有525个(占40.51%),量化资产总额541.18亿元。

(四)电子商务发展环境较好

一是广州市电子商务创新能力活跃,早在2010年年底,广州就在第十三届中国国际电子商务大会上荣获"中国电子商务最具创新活力城市奖"。创新是广州市电子商务发展的重要引擎,特别是近年来,电子标签、二维码、云计算等物联网技术与电子商务结合衍生的新模式在广州迅速兴起,涌现出易商务、手机闪购网、街酷、妙购等一大批创新型电子商务企业。根据阿里研究院发布的研究报告,广州市于2015年和2016年连续两年位列"网商创业活跃度地区排行榜"第一名(见表5-2)。

表5-2　2015年网商创业最活跃城市前10名

排名	城市	国家电子商务示范城市	排名	城市	国家电子商务示范城市
1	广州	是	6	中山	否
2	金华	否	7	台州	是
3	深圳	是	8	泉州	是
4	杭州	是	9	嘉兴	否
5	莆田	是	10	东莞	是

资料来源:阿里研究院《新生态·新网商·新价值——2015年网商发展研究报告》。

此外,依托于传统商贸优势与电子商务发展基础,广州市新零售发展迅速,全国第一条O2O商业街也落户北京路商圈。根据北京大学光华管理学院研究团队推出的《2018新零售城市发展指数报告》(如图5-1所示),广州市新零售城市发展综合指数位列全国第五,其中,广州的移动支付渗透率、上线餐厅活跃度、进口商品的消费者数量名列前茅。目前,

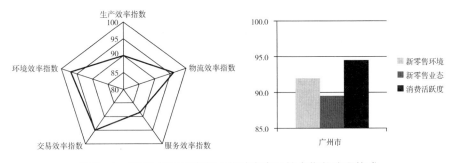

图5-1　2018年广州市新零售城市发展综合指数分项构成

资料来源:北京大学光华管理学院研究团队《2018新零售城市发展指数报告》。

广州拥有3000多家品牌数字化智慧门店，数字化的新型超市能够为周围送货，其"1小时达"覆盖80%的主城区，同时，汽车无人贩卖机、生鲜类新零售业态也纷纷落户广州。

二是电子商务发展的支撑服务体系较为完善，截至2018年4月，广州市已拥有电子商务服务企业1800多家，从业人数超10万人。根据阿里研究院公布的数据，广州市在2016年电商服务竞争力城市排名中居第四位（见表5-3和表5-4）。

表5-3 2016年电商服务竞争力省/直辖市排名

排名	省/直辖市	采购服务的商家数量占比	服务商交易规模占比	服务商数量占比	新商业生态竞争力指数占比
1	浙江	15.5%	38.2%	14.7%	24.4%
2	广东	26.3%	9.5%	18.7%	17.3%
3	上海	5.2%	11.7%	10.1%	9.3%
4	山东	5.2%	9.5%	8.3%	7.9%
5	北京	3.8%	7.7%	9.2%	7.0%
6	福建	6.5%	4.9%	4.9%	5.3%
7	江苏	9.0%	1.1%	5.3%	4.7%
8	安徽	2.1%	6.7%	2.9%	4.2%
9	四川	2.3%	5.0%	4.3%	4.0%
10	河北	4.4%	0.8%	2.8%	2.55

表5-4 2016年电商服务竞争力城市排名

排名	1	2	3	4	5	6	7	8	9	10
城市	杭州	上海	北京	广州	深圳	成都	厦门	武汉	济南	青岛

资料来源：阿里研究院（http://www.aliresearch.com/blog/article/detail/id/21369.html）。

广州市电子商务服务支撑体系的发展表现出以下几个特点。

1. 物流配送体系发达

通过城市共同配送试点城市建设，广州市第三方物流企业和快递企业发展迅猛，截至2018年4月，全市拥有5A级物流企业12家。从快递业务量来看，2013年广州市快递业务量达7.9亿件，日均处理217.4万件。之后的三年间，全市快递业务量增长十分迅猛，到2016年，广州快件揽投量已经达到1.14亿件，位居全国第一。2014年快递业务量累计13.9亿件，跃居全国第一；2015年达到19.5亿件，保持全国第一；2016年达到28.67亿件，日均处理785万件，快递业务量实现连续三年居全国第一。根据菜鸟物流公布的数据，2018年"双11"当天发货量中，全国发自广州的快递最多，而广州签收的快递量也位列全国第四。

2. 互联网支付发展水平全国领先，服务领域不断拓展

广州市共有11家企业获得中国人民银行第三方支付牌照。2017年，广州以互联网支付为主力军的小额支付系统共处理业务4.63亿笔，金额5.81万亿元，笔数、金额排名位居全国第一和第二。支付服务创新，支付产品丰富，移动支付、电话支付、预付卡支付等新兴电子支付业务不断涌现，在公共交通、公共医疗、旅游等便民服务上不断拓展，并实现规模化创新应用。如公共交通方面，广州地铁日均交易突破26万笔，峰值达29万笔；2017年年底，通过与蚂蚁金服、佳都科技合作，广州市各交通线路实现扫码乘车。

3. 安全认证及信用体系健全

截至2018年4月，广州市电子商务安全认证机构数量占全省三分之二，电子商务认证应用推广范围不断扩大。行业协会联合职能部门开展了"星级网站"、电子商务诚信企业认证，完善信用中介服务体系，形成了电子商务信用的监督约束长效机制。

（五）有珠三角成熟的产业基础与产业链体系作为支撑

改革开放以来，大量迅猛崛起的专业镇及产业集群区域成就了广东省，特别是珠三角地区的快速发展。当前，在珠三角珠江东、西两岸走廊及400多个建制镇上，数百万个大小企业结群形成IT（互联网技术）、装备制造、服装、家具、灯饰、皮革皮具等大量产业集群。珠三角工业基础雄厚，已经形成了较为成熟的产业分工体系。以纺织产业为例，通过对天

眼查企业数据的空间可视化可知，围绕着广州市周边50千米范围内分布着不同类型的服装产业集群，包括：广州增城牛仔、番禺女装产业集群，佛山盐步内衣、张槎针织、西樵面料集群，东莞虎门女装、大朗毛织产业集群，惠州博罗男装产业集群，中山沙溪休闲装产业集群。差异化服装生产且保证能在半日内将产品输送至广州中心，为服装类淘宝村产品来源提供扎实的保障。淘宝村城乡商贸体系与物流体系进行高度时空压缩的产物，其核心模式往往是以销量定产量，以广州市内的服装类淘宝村为例，"款多，量少，货期短"是服装类电子商务销售重要的特征，淘宝村网商生存并做大的基本条件就是能够快速应对市场爆卖款式，在爆款出现7天内，慢的至多15天即要实现快速翻单，对生产、商贸、物流效率要求极为苛刻。而珠三角成熟的纺织产业分工体系能充分满足电商服装产品生产高效率和差异化要求。

二、以中心城区周边的城中村、城边村为主

利用ArcGIS软件缓冲区工具，建立中心城区[①]5千米、10千米、20千米缓冲区，通过与2018年广州市淘宝村的叠加可得，当前广州市淘宝村的类型以城中村、城边村为主，与中心城区相距较近，绝大多数淘宝村均位于中心城区20千米的范围内。其中，位于中心城区5千米范围内的淘宝村数量为26个，占广州市淘宝村总量的比重为20.8%；位于中心城区5～10千米范围内的淘宝村数量为25个，占广州市淘宝村总量的比重为20.0%；位于中心城区10～20千米范围内的淘宝村数量为48个，占广州市淘宝村总量的比重为38.4%。（见表5-5和图5-2）

---

① 荔湾区、越秀区、天河区和海珠区4个区。

表5-5 按照距离来划分的广州市淘宝村数量统计

类型	距离	数量/个	占比
嵌入型	0~5千米	26	20.8%
边缘型	5~10千米	25	20.0%
近郊型	10~20千米	48	38.4%
远郊型	20千米以外	26	20.8%

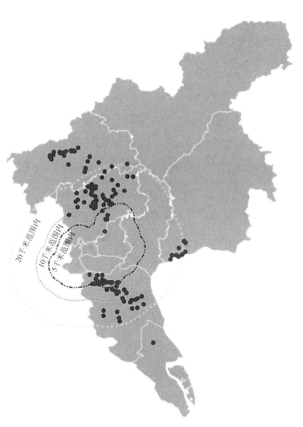

图5-2 广州市中心城区5千米、10千米、20千米范围内的淘宝村分布

三、经营产品以工业消费品为主

根据广州市规划院的研究成果,广州市淘宝村的类型主要可以分为两类。一类是以大源村为代表的纯贸易型淘宝村,另一类是以新塘镇为代表的工贸型淘宝村。广州市淘宝村的经营产品以工业消费品为主,包括皮具、女装、电器、牛仔裤、箱包、汽车配件等。基于"生产—供应—销售"的产业链,结合广州市淘宝村网商的经营方式和规模,以不同货源选择途径为依据,广州市淘宝村的产业链大体可以分为三类模式。

第一类是自产自销模式。这类模式的特点是利用来自自家工厂的货源,自己设立网店,由自己来负责销售。这类网商大多数是早期的生产企业打工者,后来承包了本地人转手的生产企业,其经营的工厂主要是家庭小作坊,也有少量的中小型企业。此类商户多数一边通过淘宝、阿里巴巴等平台开展网络零售或批发业务,一边开设实体店铺。在网络平台接到订单后,直接由自己的工厂打包出货,成本低、货源有保障是其最大的优势。随着规模的扩大,很多工作无法兼顾,在具有一定经济实力的前提下,这类网商会将网页设计、广告商品拍照等环节外包出去,由此也带动了设计、摄影等其他衍生的服务行业在此地集聚。

第二类模式,货源来自当地工厂、本地专业市场,或委托当地工厂按照提供的设计样式进行生产,然后直接从工厂拿货,进行简单的贴牌、包装之后,再通过网络平台销售给来自全国各地的买家。相对而言,这类网商一般有固定的发货点或办公室,位置多位于出租屋的一层,带有仓储功能的仓库,摄影、美工等大多由朋友帮忙联系。

第三类为依托中介模式。一般以中小型网商为主,接单后,通过中介从大型淘宝网商处直接进货、发货。没有库存压力是其最大的特点。在商品展示宣传上有的盗用同类产品图片,有的选择商品代销,使用上级分销商提供的产品细节图进行宣传。具体操作方式是在接到订单后,由于没有库存实货,便通过第三方,以快递、货运、邮件等方式给最终客户发货。

四、淘宝村所在的建制镇人口规模较大，人口密度较高

当前，广州市共 18 个镇（街道）有淘宝村的分布，从各个镇（街道）的发展来看，有淘宝村分布的镇（街道）人口规模较大，人口密度较高。从人口规模上来看，2017 年大部分淘宝村所在的建制镇的常住人口规模都在 10 万人以上，仅南沙区的黄阁镇常住人口为 5.5 万人。与此同时，没有淘宝村分布的建制镇，常住人口规模均较小，大多数不足 10 万人，仅有大岗镇、九龙镇、鳌头镇的常住人口超过 10 万人。从人口密度来看，2017 年，广州市淘宝村所在建制镇的平均常住人口密度为 2188 人/平方千米，其中大部分建制镇的常住人口密度均在 1000 人/平方千米以上，特别是番禺区的南村镇人口密度高达 6336 人/平方千米，仅南沙区的黄阁镇、花都区的花东镇人口密度不足 1000 人/平方千米。而没有淘宝村分布的建制镇大多常住人口密度不足 1000 人/平方千米，仅番禺区的新造镇、化龙镇的常住人口密度达到了 1000 人/平方千米以上。（见表 5-6）

表 5-6 2017 年广州市各建制镇常住人口规模与人口密度

所属区	乡镇名称	面积/平方千米	常住人口/万人	常住人口密度/(人·平方千米)	是否有淘宝村分布
白云区	人和镇	74.4	18.4	2471	是
	太和镇	155.4	37.6	2420	是
	钟落潭镇	169.0	21.9	1298	是
	江高镇	102.3	19.7	1925	是
番禺区	南村镇	47.0	29.8	6336	是
	新造镇	14.0	3.1	2238	否
	化龙镇	53.7	7.8	1454	否
	石楼镇	126.0	15.2	1207	是
	沙湾镇	37.5	11.6	3097	是
	石基镇	47.0	10.8	2301	是

续表 5-6

所属区	乡镇名称	面积/平方千米	常住人口/万人	常住人口密度/(人·平方千米)	是否有淘宝村分布
花都区	梯面镇	91.3	1.1	116	否
	花山镇	116.4	11.9	1019	是
	花东镇	208.4	16.5	792	是
	炭步镇	113.3	6.9	613	否
	赤坭镇	160.4	5.8	361	否
	狮岭镇	136.3	27.1	1989	是
黄埔区	九龙镇	179.4	10.9	605	否
从化区	温泉镇	212.2	5.4	256	否
	良口镇	439.2	4.3	98	否
	吕田镇	393.0	3.2	81	否
	太平镇	210.3	9.9	472	否
	鳌头镇	410.0	15.0	366	否
增城区	新塘镇	86.3	25.8	2988	是
	石滩镇	171.0	14.7	858	否
	中新镇	232.4	9.4	405	否
	正果镇	239.4	6.3	261	否
	派潭镇	289.0	7.8	268	否
	小楼镇	136.0	4.1	298	否
	仙村镇	56.7	4.8	850	否

资料来源：广州市统计局《广州市统计年鉴2018》。

第二节　广州市淘宝村的时间演进过程

作为我国电子商务发展起步较早、商贸基础雄厚、创新创业氛围浓厚的城市，广州市也是全国各大城市中淘宝村起步较早的先行地区。2004年左右，在信息技术和电子商务高速发展的带动下，众多广州外来"草根"阶层，以批发市场和轻工产品工厂为基地，依托低廉的城市生产生活空间成本、便捷的物流通道，从"一台电脑、一间办公室、一根网线"起，在亲情、乡情、友情的维系下，抱团取暖形成若干个淘宝团体，紧随市场方向不断调整销售方向。其中，中心城区北部主要依托沙河批发市场女装、童装货源，在白云犀牛角村、大源村廉价经营空间的支撑下，快速集聚大量淘宝电商；南部番禺南村地区、北部花都狮岭地区、东部增城新塘地区则依靠专业镇成熟的女装、皮具、牛仔裤生产分工体系，充足的仓储物流空间，专业的配套资源，从线下到线上拓展销售渠道，集聚大量品牌类淘宝电商。早在阿里研究中心公布的《淘宝村研究微报告2.0》中，广州市番禺区里仁洞村便是第一批被发现的20个淘宝村之一。据统计，2014年广州市共有24个淘宝村，占全国淘宝村总数的比重达11.3%，在广东省淘宝村数量中所占的比重则达到了将近一半（46.2%）。自此以后，广州市淘宝村得到了迅猛的增长，特别是2015—2016年，广州市淘宝村的数量成倍地增长，由38个增加到91个，增长率达到了139.5%。截至2018年，广州市共有125个淘宝村。（如图5-3所示）

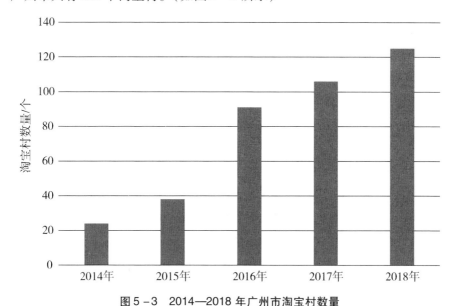

图5-3　2014—2018年广州市淘宝村数量

资料来源：南京大学空间规划研究中心和阿里新乡村研究中心《中国淘宝村发展报告（2014—2018）》。

尽管自 2014 年以来，广州市淘宝村的数量不断增加，但从全国、广东省的层面来看，广州市淘宝村在全国范围内的地位与影响力却呈现出下降的趋势。

第一，广州市淘宝村数量占全国、广东省淘宝村总数的比重总体呈现出缩小的态势。2018 年，广州市淘宝村数量占全国淘宝村总数的比重仅为 3.9%，较 2014 年下降了 7.4%；同时，广州市淘宝村数量占广东省淘宝村总数的比重仅达 20.4%，较 2014 年下降了 25.8%。（见表 5-7）

表 5-7 2014—2018 年广州市与广东省、全国淘宝村数量对比

时间	2014 年	2015 年	2016 年	2017 年	2018 年	2014—2018 年年均增长率
广州市	24 个	38 个	91 个	106 个	125 个	51.1%
全国	212 个	778 个	1311 个	2118 个	3202 个	97.1%
广东省	54 个	157 个	262 个	411 个	614 个	85.4%
广州市淘宝村数量占全国的比重	11.3%	4.9%	6.9%	5.0%	3.9%	—
广州市淘宝村数量占广东省的比重	46.2%	24.2%	34.7%	25.8%	20.4%	—

资料来源：南京大学空间规划研究中心和阿里新乡村研究中心《中国淘宝村发展报告（2014—2018）》。

第二，广州市淘宝村的增长速度总体慢于全国乃至广东省淘宝村的增长速度。2014—2018 年，广州市淘宝村的年均增长率仅为 51.1%，而全国淘宝村的年均增长率达 97.1%，高于广州市 46%；广东省淘宝村的年均增长率也在 80% 以上，是广州市的 1.6 倍。（如图 5-4 所示）

第三，广州市淘宝村在全国的影响力也有所减弱，2015 年广州市淘宝村的数量位列全国地级市第六名，到了 2018 年，广州市淘宝村的数量在全国地级市中退居到第九名（见表 5-8）。在 2016 年中国十大淘宝村集群中，广州市共有白云区和番禺区两个区上榜，然而到了 2017 年，广州市各区已经退出了全国十大淘宝村集群，在 2018 年全国十大淘宝村集群中也没有广州的"身影"（见表 5-9）。

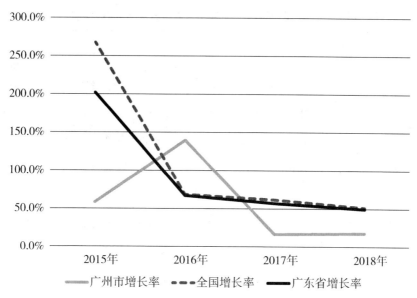

图 5-4　2015—2018 年广州市、广东省、全国淘宝村增长率

表 5-8　2015 年与 2018 年全国淘宝村数量前十位的地级市对比

2015 年			2018 年		
排名	城市	淘宝村数量/个	排名	城市	淘宝村数量/个
1	金华	56	1	菏泽	267
1	温州	56	2	温州	254
3	泉州	47	3	金华	245
4	汕头	44	4	台州	203
5	台州	43	5	泉州	140
6	广州	38	6	宿迁	132
7	菏泽	35	7	宁波	131
8	佛山	30	8	杭州	126
9	杭州	29	9	广州	125
10	嘉兴	27	10	嘉兴	113
10	苏州	27			

资料来源：阿里研究院《中国淘宝村研究报告（2015）》和《中国淘宝村研究报告（2018）》。

表5-9　2016—2018年全国十大淘宝村集群（区县层面）

2016年		2017年		2018年	
区县（淘宝村数量/个）	所属城市	区县（淘宝村数量/个）	所属城市	区县（淘宝村数量/个）	所属城市
义乌市（65）	金华市	义乌市（104）	金华市	义乌市（134）	金华市
温岭市（54）	台州市	温岭市（75）	台州市	曹县（113）	菏泽市
曹县（48）	菏泽市	曹县（74）	菏泽市	温岭市（97）	台州市
普宁市（48）	揭阳市	瑞安市（54）	温州市	睢宁县（92）	徐州市
睢宁县（40）	徐州市	普宁市（52）	揭阳市	乐清市（83）	温州市
晋江市（32）	泉州市	睢宁县（51）	徐州市	慈溪市（78）	宁波市
白云区（32）	广州市	晋江市（48）	泉州市	永康市（74）	金华市
番禺区（32）	广州市	慈溪市（44）	宁波市	瑞安市（71）	温州市
沭阳县（31）	宿迁市	永康市（44）	金华市	普宁市（64）	揭阳市
瑞安市（30）	温州市	沭阳县（41）	宿迁市	宿城区（61）	宿迁市

资料来源：阿里研究院《中国淘宝村研究报告（2016）》《中国淘宝村研究报告（2017）》《中国淘宝村研究报告（2018）》。

第三节　广州市淘宝村的空间分布演变分析

一、区县尺度下的广州市淘宝村空间分布演变

从区县尺度来看，广州市淘宝村主要分布在白云区、番禺区、花都区、增城区四大区域；而荔湾区、越秀区、海珠区、天河区、黄埔区尚未发现有淘宝村；南沙区直到近两年才发现有淘宝村，但数量较少，2017年仅1个，2018年仅2个；从化区曾于2015年发现有1个淘宝村（太平

村),但 2016 年以后,太平村退出了淘宝村的行列,截至目前,从化区仍未有淘宝村分布。

2014—2018 年,白云区、番禺区和花都区淘宝村的数量占广州市淘宝村总数的比重均在 60% 以上,2016 年以来更是维持在 90% 左右。尽管总体上广州市淘宝村主要分布于白云区、番禺区和花都区,但具体来看,广州市淘宝村在区县尺度下的空间分布发生了较大的调整(如图 5-5 所示)。2014—2015 年,广州市新增的淘宝村主要位于白云区。2015 年,白云区的淘宝村数量达 21 个,占广州市淘宝村总数的比重达到了 55.3%;新增淘宝村数量为 12 个,占广州市新增淘宝村数量的比重达到了 85.7%。2015—2016 年,广州市淘宝村进入了井喷式增长阶段,但白云区的淘宝村增长速度却有所下降。此时,广州市新增的淘宝村主要位于番禺区和花都区,特别是番禺区淘宝村的数量由 2015 年的 3 个增加到 2016 年的 32 个,增长率达到了 966.7%;花都区的淘宝村数量也得到了较快增长,由 2015 年的 3 个增加到 2016 年的 18 个,增长率达 500.0%。而在此期间,白云区的淘宝村增长率仅为 52.4%(见表 5-10)。

表 5-10　2014—2018 年广州市各区淘宝村数量

(单位:个)

时间	2014 年	2015 年	2016 年	2017 年	2018 年
白云区	9	21	32	37	47
番禺区	3	3	32	38	43
花都区	3	3	18	20	24
增城区	9	10	9	9	9
从化区	0	1	0	0	0
南沙区	0	0	0	2	2

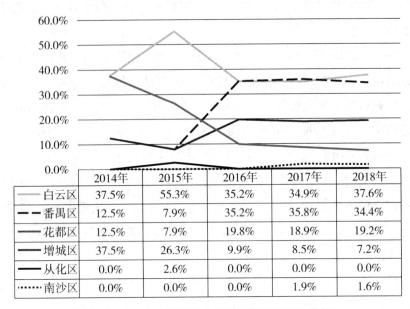

图 5-5　2014—2018 年广州市各区淘宝村数量占比

二、镇街尺度下的广州市淘宝村空间分布演变

从镇街尺度来看，广州市淘宝村的空间分布得到了较大的扩张。2014年，广州市仅 6 个镇（街道）有发现淘宝村现象，分别为京溪街道、人和镇、太和镇、南村镇、狮岭镇、新塘镇。2015 年，广州市有淘宝村的镇（街道）的数量扩大到 8 个，2016 年扩大到 14 个，2017 年以来则保持在 18 个。2018 年，广州市淘宝村主要分布在太和镇、狮岭镇、人和镇、南村镇，这 4 个镇的淘宝村数量占广州市淘宝村总数的比重达到了 51.2%。其中，太和镇淘宝村的数量最多，达 20 个，占广州市淘宝村总数的比重为 16.0%；狮岭镇次之，共有淘宝村 16 个，占广州市淘宝村总数的比重为 12.8%；人和镇和南村镇的淘宝村数量相同，均为 14 个，占广州市淘宝村总数的比重均为 11.2%。剩余 14 个镇（街道）的淘宝村数量占比均在 10% 以下。（见表 5-11 和图 5-6）

表 5-11 2014—2018 年广州市有淘宝村分布的镇（街道）

时间	2014 年	2015 年	2016 年	2017 年	2018 年
有淘宝村的镇（街道）数量/个	6	8	14	18	18

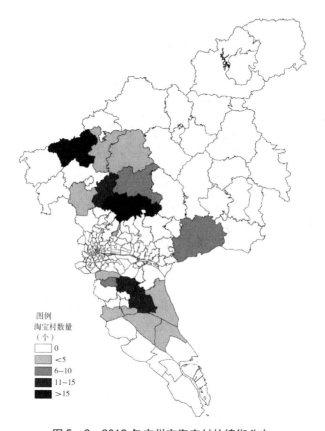

图 5-6 2018 年广州市淘宝村的镇街分布

尽管广州市有淘宝村的镇（街道）的数量有较大的扩张，但是从 2014 年到 2018 年新增的淘宝村来看，广州市新增淘宝村分布的地区仍以太和镇、狮岭镇、人和镇、南村镇为主，这 4 个镇的新增淘宝村数量占据了广州市新增淘宝村的将近一半（49.5%）。其中，太和镇、狮岭镇、人和镇的新增淘宝村数量均为 13 个，占广州市新增淘宝村的比重为 12.9%；南村镇的新增淘宝村数量为 11 个，占广州市新增淘宝村的比重为 10.9%。除了这 4 个镇以外，2014—2018 年石基镇的淘宝村数量增长也较快。2015 年，石基镇还尚未发现淘宝村的存在，2018 年石基镇的淘宝村数量达到了 11 个，占广州市淘宝村总数的比重达 10.6%，在广州市各镇（街道）中排名第五。（如图 5-7 所示）

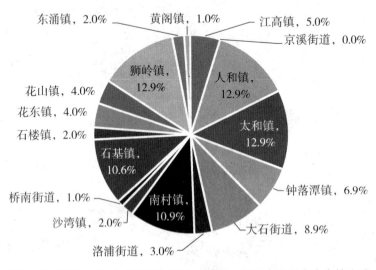

图 5-7 2014—2018 年广州市各镇（街道）新增淘宝村占全市的比重

同时，2014 年以来，新塘镇和京溪街道的淘宝村数量一直保持着稳定的态势。2014—2018 年，新塘镇的淘宝村数量均为 9 个，京溪街道则只有 1 个淘宝村。此外，广州市还有两个镇（街道）——朱村街道、太平镇，曾于 2015 年发现过淘宝村现象，但到 2016 年，淘宝村消亡，至今尚未发现淘宝村的存在（见表 5-12）。

表5-12 2014—2018年广州市各镇（街道）淘宝村的数量

(单位：个)

所在区	镇（街道）	2014年	2015年	2016年	2017年	2018年
白云区	江高镇	0	0	2	3	5
	京溪街道	1	1	1	1	1
	人和镇	1	6	9	11	14
	太和镇	7	14	18	17	20
	钟落潭镇	0	0	2	5	7
番禺区	大石街道	0	0	11	10	9
	洛浦街道	0	0	1	3	3
	南村镇	3	3	12	13	14
	沙湾镇	0	0	2	2	2
	桥南街道	0	0	0	1	1
	石基镇	0	0	5	7	11
	石楼镇	0	0	1	1	2
花都区	花东镇	0	0	3	3	4
	花山镇	0	0	0	2	4
	狮岭镇	3	3	15	16	16
南沙区	东涌镇	0	0	0	1	2
	黄阁镇	0	0	0	1	1
增城区	新塘镇	9	9	9	9	9
	朱村街道	0	1	0	0	0
从化区	太平镇	0	1	0	0	0

第六章 广州市淘宝村空间集聚特征与演化机制分析

第一节 测算方法

一、平均最近邻分析法

点要素在研究区域内的分布有集聚分布、随机分布和离散分布 3 种类型，通过平均最近邻（Average Nearest Neighbor）分析方法可以分析研究范围内点数据的分布类型及趋势程度。利用 ArcGIS 中的平均最近邻工具可测量每个点要素与其最近邻要素位置之间的距离，然后计算所有这些最近邻距离的平均值。

具体计算方法如下：

$$ANN = \frac{D_O}{D_E} \tag{1}$$

$$D_O = \frac{\sum_{i=1}^{n} d_i}{n} \tag{2}$$

$$D_E = \frac{0.5}{\sqrt{n/A}} \tag{3}$$

其中：D_O 是每个要素与其最近邻要素之间的观测平均距离；

D_E 是随机模式下指定要素之间的期望平均距离；

d_i 是要素 i 与其最近邻要素间的距离；

n 为要素数量；

A 是可以包括所有要素的最小外接矩形的面积，或为用户指定的"面"。

平均最近邻分析方法使用平均最近邻比率（ANN）进行判断，平均最近邻比率是通过观测的平均最近邻距离除以期望的平均最近邻距离计算得出。如果 ANN 指数小于 1，即观测平均最近邻距离小于假设随机分布中的平均最近邻距离，则表现的模式为聚类。如果 ANN 指数大于 1，即观测平均最近邻距离大于假设随机分布中的平均最近邻距离，则表现的模式趋向于扩散。

统计数据的平均最近邻 z 得分的计算方式为：

$$z = \frac{D_O - D_E}{SE} \quad (4)$$

$$SE = \frac{0.26136}{\sqrt{n^2/A}} \quad (5)$$

z 得分结果是统计显著性的量度，用来判断是否拒绝零假设。但是应注意，此方法的统计意义受研究区域大小的强烈影响。对"平均最近邻"进行统计，零假设表明要素是随机分布的。

二、标准差椭圆

运用 Lefever 提出的标准差椭圆（Standard Deviational Ellipse）可以衡量淘宝村点状要素在空间上的扩散性和离散性。标准差椭圆法是分析空间分布方向性特征的经典方法之一，用于测量一系列点要素空间分布趋势。标准差椭圆方法是以平均中心作为起点对 x 坐标和 y 坐标的标准差进行计算，从而定义椭圆的轴，因此被称为标准差椭圆。本书中的标准差椭圆分析法以淘宝村平均中心作为起点，x、y 坐标方向的标准差作为轴，形成的包含所有淘宝村的椭圆。其中，椭圆的长轴代表最大扩散方向，短轴代表最小扩散方向；偏转角度在 0°～180°表示南北分布为主导，90°表示东西分布为主导。

标准差椭圆的计算方式如下：

$$C = \begin{pmatrix} var(x) & cov(x,y) \\ cov(y,x) & var(y) \end{pmatrix} = \frac{1}{n} \begin{pmatrix} \sum_{i=1}^{n} \tilde{x}_i^2 & \sum_{i=1}^{n} \tilde{x}_i \tilde{y}_i \\ \sum_{i=1}^{n} \tilde{x}_i \tilde{y}_i & \sum_{i=1}^{n} \tilde{y}_i^2 \end{pmatrix} \quad (6)$$

$$var(x) = \frac{1}{n}\sum_{i=1}^{n}(x_i - \bar{x})^2 = \frac{1}{n}\sum_{i=1}^{n}\tilde{x}_i^2 \quad (7)$$

$$cov(x,y) = \frac{1}{n}\sum_{i=1}^{n}(x_i - \bar{x})(y_i - \bar{y}) = \frac{1}{n}\sum_{i=1}^{n}\tilde{x}_i \tilde{y}_i \quad (8)$$

$$var(y) = \frac{1}{n}\sum_{i=1}^{n}(y_i - \bar{y})^2 = \frac{1}{n}\sum_{i=1}^{n}\tilde{y}_i^2 \quad (9)$$

其中：x_i 和 y_i 是 i 要素的坐标，$(\bar{x}, \bar{y})$ 表示要素的平均中心，n 为要素总数。

样本协方差矩阵被分解为标准形式，使矩阵可由本征值和特征向量来表示。于是，x 和 y 轴的标准差为：

$$\sigma_{1,2} = \left(\frac{(\sum_{i=1}^{n}\tilde{x}_i^2 + \sum_{i=1}^{n}\tilde{y}_i^2) \pm \sqrt{(\sum_{i=1}^{n}\tilde{x}_i^2 - \sum_{i=1}^{n}\tilde{y}_i^2)^2 + 4(\sum_{i=1}^{n}\tilde{x}_i \tilde{y}_i)^2}}{2n} \right)^{\frac{1}{2}}$$

(10)

椭圆的方向代表着淘宝村的扩散方向，椭圆的长短轴可以用来说明淘宝村点状要素分布的多寡。

三、核密度分析法

核密度分析（Kernel Density Estimation）作为一种非参数测度方法被普遍应用于空间分析中，主要用于计算要素在其周围邻域中的密度。核密度分析法的内涵是以特定的点要素地理坐标位置为圆心,将该点要素的属性分布在半径为 h 的圆的范围内,计算在该范围内的离散点密度。选用 Roren-blatt-Parzen 核函数,选择一定的带宽(搜索半径,Search Radius),根据最终呈现的核值分布情况来研究淘宝村点要素集聚的空间特征。其计算公式为:

$$P(xi) = \frac{1}{nh}\sum_{i=1}^{n} K\left(\frac{x_i - x_j}{h}\right) \qquad (11)$$

其中:K 为核函数;h 为带宽(搜索半径);$x_i - x_j$ 为测算点 x_i 到样本点 x_j 处的距离。根据我国村域面积特征和广州市淘宝村的空间分布特征,运用这种方法,选择 2 千米的搜索半径。

KDE 方程的几何意义为:密度分布在每个 x_i 点的中心处最高,向外逐渐降低,当离中心达到一定阈值范围(边缘)后密度为 0(如图 6-1 所示)。KDE 能够反映距离衰减规律,距离较近的对象,权重较大,此方法在分析和显示点数据时尤为有用。离散点数据直接用图表示,往往难以清楚看到其空间趋势。KDE 可以得到研究对象密度变化的图层,空间变化是连续的,又可以显示"波峰"和"波谷"强化空间分布模式,能够更直观准确地分析离散点空间分布的特征。

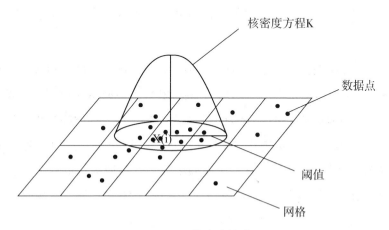

图 6-1 核密度估计

四、空间自相关分析方法

空间自相关分析可以揭示空间变量的区域结构形态,也是检验某一要素是否与其相邻空间点要素相关联的重要指标。空间相关性包括空间正相关和空间负相关,空间正相关表明某研究单元属性值与其相邻空间单元具有相同的变化趋势,代表空间现象有集聚性与关联性的存在;空间负相关则相反。空间自相关分析可以分为全局空间自相关和局部空间自相关。全局空间自相关是对面要素内的属性值在整个区域空间特征的描述,用于分析区域总体的空间关联和空间差异程度,主要采用 Moran's I 指数测度。Moran's I 指数是度量空间自相关水平的指标,可以反映点的空间集聚和离散程度,表达式为:

$$X = \frac{\sum_{i=1}^{n}\sum_{j=i}^{n}(xi-\tilde{x})(xj-\tilde{x})}{s^2\sum_{i=1}^{n}\sum_{j=i}^{n}(Wij)} \quad (12)$$

其中:xi 为县域单元 i 的淘宝村个数;Wij 为空间权重矩阵;$\tilde{x}$ 为属性平均值;$s^2 = \sum_{i=1}^{n}(xi-\tilde{x})/n$。本书的分析是以广州市的区县为基本单元,以淘宝村的数量为属性值。

Moran's I 指数在 -1 到 1 之间,若值接近于 1 则表示属性相似的空间单元聚集在一起,若值接近于 -1 则表示属性相异的空间单元集聚在一起,若值接近于 0 则为随机分布,不存在空间自相关性。但全局空间自相关分析会掩盖小范围内局部的不稳定性,在此基础上还须进行局部空间自相关分析。

局部空间自相关用于描述一个空间单元与其邻域的相似程度,能够表示每个局部单元服从全局总趋势的程度,包括方向和量级,并揭示其空间异质,说明空间依赖是如何随位置变化的,常用的反映指标是 Local Moran's I,亦称空间关联局域指标(Local Indicators of Spatial Association,LISA),计算公式为:

$$Ii = \frac{(xi - \tilde{x})\sum_{j=1,j\neq i}^{n} Wij(xj - \tilde{x})}{s^2} \quad (13)$$

在 LISA 图中集聚分为 4 种情况，其中 High-High 表示高水平区域被其他高水平区域所包围，Low-High 表示低水平区域被其他高水平区域所包围，Low-Low 表示低水平区域被其他低水平区域所包围，High-Low 表示高水平区域被其他低水平区域所包围。

五、多距离空间聚类分析方法

多距离空间聚类（Multi-distance Spatial Clustering）分析方法用于分析点数据的空间集聚范围，可对一定距离范围内的空间相关性（要素聚类或要素扩散）进行汇总，可研究要素的聚类或扩散如何相对于不同距离进行变化，是一种分析事件点数据的空间模式的方法。Ripley's K 函数可表明要素质心的空间聚集或空间扩散在邻域大小发生变化时是如何变化的，它引入了空间尺度，按照一定的半径搜索范围来统计空间聚类，其运算方式如下：

$$L(d) = \sqrt{\frac{A\sum_{i=1}^{n}\sum_{j=1,j\neq i}^{n} k_{i,j}}{\pi n(n-1)}} \quad (14)$$

式中，d 是距离，n 是要素的总数目，A 代表要素的总面积，$k_{i,j}$ 是权重。如果没有边校正，当 i 与 j 之间的距离小于 d 时，则权重将等于 1，反之权重将等于 0。使用给定的边校正方法时，$k_{i,j}$ 的权重略有变化。在 L(d) 的变换下，预期值 k 等于距离。

L(d) 与 d 的关系图能反映研究对象的空间格局，如果观测值 L(d) 小于随机分布下的预期值，即为负值，则可认为研究对象具有随机分布的趋势。反之，如果 L(d) 大于期望值，即为正值，则研究对象具有集聚分布趋势。如果 L(d) 大于较大置信空间值（HiConfEnv），则该距离的空间聚类具有统计显著性，相反，如果 L(d) 小于较小置信空间值（LwConfEnv），则该距离的空间离散具有统计显著性。（如图 6-2 所示）

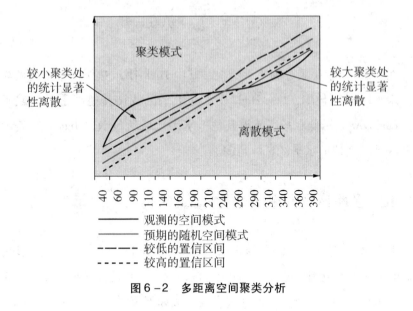

图 6-2 多距离空间聚类分析

第二节 广州市淘宝村的空间集聚及演化分析

一、广州市淘宝村的空间集聚特征

（一）总体集聚特征

总体而言，广州市淘宝村的空间分布表现出明显的集聚特征。利用 ArcGIS 的 Spatial Statistics Tools 中的平均最近邻点计算模块对广州市 2018 年的淘宝村间的最近邻距离和平均最近邻指数进行运算，输出结果为：观测平均最近邻距离 D_O = 1512.0292 米，期望平均最近邻距离 D_E = 3807.3136 米，平均最近邻比率 ANN = 0.397138。可见，2018 年广州市淘宝村点状要素的观测平均最近邻距离 D_O 小于期望平均最近邻距离 D_E，且二者之间的比值 ANN 小于 1。因而，可以判断广州市淘宝村总体上呈现出集聚分布的态势。（如图 6-3 所示）

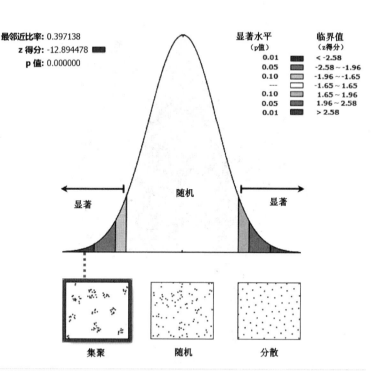

z得分为-12.89,则随机产生此"聚类"模式的可能性小于1%。

图6-3 2018年广州市淘宝村平均最近邻分析结果

对2018年广州市淘宝村空间分布进行标准差椭圆计算,从而分析2018年广州市淘宝村的分布方向与结构特征。由计算结果可知,广州市淘宝村的分布格局呈现相对集中的分布态势。标准差椭圆中心坐标为113.338°E,23.207°N,地理位置位于白云区京溪街道。椭圆的旋转角度为159.477°,表明广州市淘宝村的分布在空间上具有沿南北方向扩散的特征。(如图6-4所示)

(二)核心集聚区域

从核密度分析方法得到的结果可以看出,2018年广州市淘宝村的空间集聚特征明显,呈现出多中心的分布形态。主要集聚核心区域有3个,分别为花都西北集聚区、白云中部集聚区、番禺北部集聚区。通过与淘宝村点状要素地理位置的叠加,可以发现三大集聚区表现出以下特征。

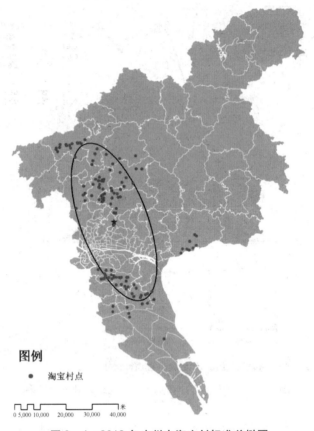

图6-4 2018年广州市淘宝村标准差椭圆

（1）花都西北集聚区，地处花都区狮岭镇的中部地区，共有16个淘宝村，总体呈现出沿珠三角环线高速的"东北—西南"分布态势。与其他两大集聚区相比，狮岭中部集聚区的集聚程度较低，核密度值在0.8以下。

（2）白云中部集聚区，由人和镇与太和镇西部地区组成，共有19个淘宝村，总体呈现出南北分布的态势。

（3）番禺北部集聚区，共有18个淘宝村，由大石街道和南村镇西部地区组成，总体呈现出东西分布的态势。

此外，白云区中部太和镇与钟落潭镇交界的京港澳高速一带、番禺区中南部的南村镇和石基镇、增城区的新塘镇也表现出一定的集聚态势，但目前集聚程度仍较低，未来可能成为新的集聚区域。（如图6-5所示）

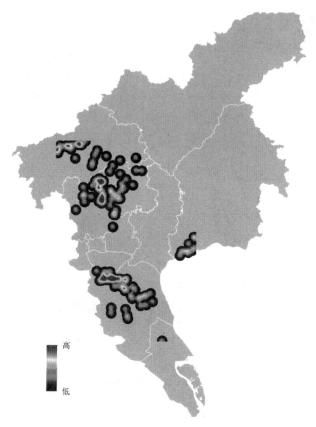

图 6-5 2018 年广州市淘宝村分布核密度

(三) 空间关联程度

采用 Moran's I 指数对广州市镇街层面的淘宝村空间分布进行全局自相关分析。由结果可知,2018 年广州市镇街层面淘宝村空间分布的 Moran's I 指数为 0.033421,z 得分为 4.019749,p 值为 0.000058,小于 0.001 (99.9%的置信度),具有统计学上的显著性。这说明广州市淘宝村空间分布在镇街层面上具有空间正自相关特征,即淘宝村的分布具有明显的空间关联格局,集聚区域具有邻近性和外溢性特征。(如图 6-6 所示)

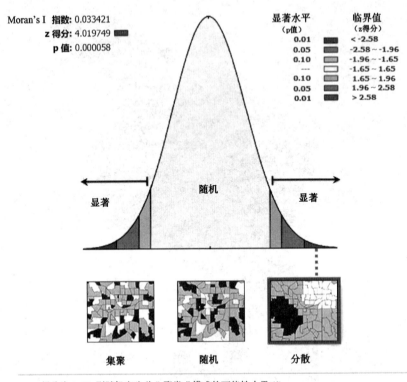

z 得分为 4.02,则随机产生此"聚类"模式的可能性小于 1%。

图 6-6　2018 年广州市镇街层面的淘宝村空间自相关分析结果

采用 ArcGIS 对广州市镇街层面的淘宝村空间局部自相关特征进行分析，计算局部 Moran's I 指数。2018 年，广州市共有 18 个镇（街道）有淘宝村分布。由局部 Moran's I 指数计算结果可知，在广州市 18 个有淘宝村分布的镇（街道）中，仅有一半的镇（街道）表现出明显的集聚特性。其中，表现出高高集聚（High-High Cluster）的镇（街道）占具有明显集聚特性的镇（街道）的一半以上，共 5 个，分别为狮岭镇、花山镇、花东镇、人和镇、钟落潭镇；表现出低高集聚（Low-High Cluster）特征的镇（街道）共计 4 个，分别为太和镇、新塘镇、大石街道、南村镇；剩余 9 个镇（街道）的集聚特性不明显。（如图 6-7 所示）

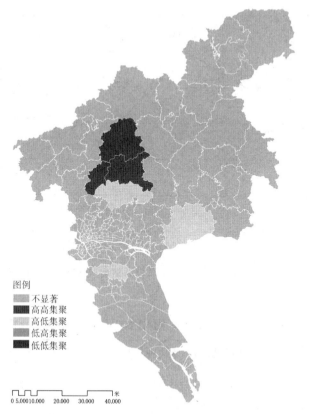

图 6-7 2018 年基于 LISA 方法的广州市镇街层面的淘宝村聚集性分布

二、广州市淘宝村空间集聚演化分析

(一) 总体集聚特征演化

由平均最近邻分析法得出的结果可知,2014—2018 年,广州市淘宝村的空间分布一直呈现出集聚的态势,观测平均最近邻距离总体呈现出缩减的趋势。2014 年,广州市淘宝村点状要素之间的观测平均最近邻距离为 1921.672 米,到 2018 年共计缩减了 409.643 米。(见表 6-1 和图 6-8)

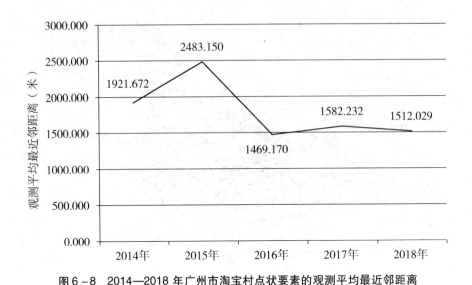

图 6-8 2014—2018 年广州市淘宝村点状要素的观测平均最近邻距离

表 6-1 2014—2018 年广州市淘宝村的平均最近邻比率

时间	2014 年	2015 年	2016 年	2017 年	2018 年
观测平均最近邻距离/米	1921.672	2483.150	1469.170	1582.232	1512.029
期望平均最近邻距离/米	8688.965	6905.289	4462.240	4134.478	3807.314
平均最近邻比率/%	0.221	0.360	0.329	0.383	0.397

从标准差椭圆来看，2014—2018 年，广州市淘宝村的标准差椭圆呈现出顺时针旋转的趋势，标准差椭圆旋转角度总体呈现出扩大的趋势，2014 年为 131.638°，到 2015 年有所减少，但 2016 年以来持续扩大，2018 年旋转角度接近 160°。由此可见，2014—2018 年，广州市淘宝村空间分布的南北扩散特征越来越明显。与此同时，广州市淘宝村的标准差椭圆中心位置也不断由东向西偏移，2014 年广州市淘宝村的标准差椭圆中心点位于黄埔区联和街道，2015 年迁移至白云区太和镇，2016 年以来一直位于白云区京

溪街道。(如图6-9和图6-10所示)

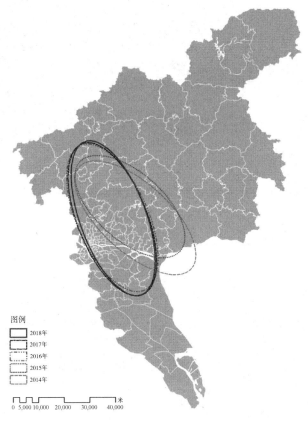

图6-9　2014—2018年广州市淘宝村标准差椭圆

除全市尺度上的空间集聚性外,广州市淘宝村的集聚范围也发生了明显的变化。通过对2015—2018年广州市淘宝村进行多距离空间聚类分析,得知淘宝村在一定距离内的集聚程度均高于随机分布的最大值,并全部通过检验。2016年以来,广州市淘宝村集聚的距离峰值出现的距离明显比2015年缩小,淘宝村的空间集聚范围由2015年的4.7千米缩小到2016年的4.4千米,至2017年进一步缩小为4.1千米。到2018年,广州市淘宝村空间集聚的距离峰值也保持在4.1千米左右。(如图6-11所示)

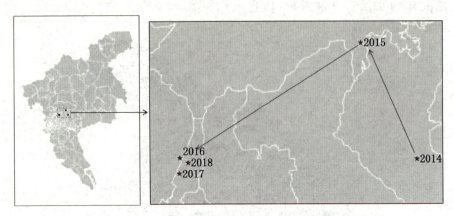

图 6-10　2014—2018 年广州市淘宝村标准差椭圆中心点变化

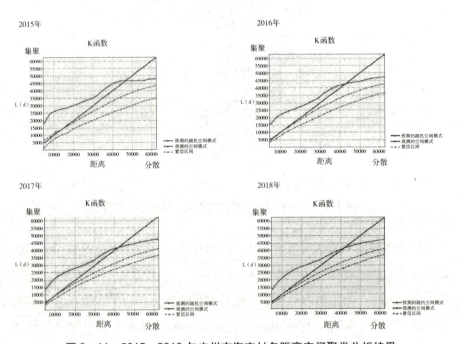

图 6-11　2015—2018 年广州市淘宝村多距离空间聚类分析结果

可见，广州市淘宝村的空间集聚演化也表现出单建树、罗震东（2017）所提出的"集聚—裂变"的态势，即淘宝村虽然在数量上保持了快速增长，但在空间分布上并未呈现出明显的扩张性，而更多地呈现为一定区域内（镇域、街道范围内）的"裂变式"增长状态，即新增淘宝村多数出现在原本就较为集中的地方，如同细胞的裂变增殖一般。可以说，互联网、电子商务虽然能够在一定程度上压缩时空距离、降低交易成本，但地理区位与区域综合条件的作用并不会因为互联网、电子商务的产生而消除。在信息技术的作用下，不同地区的生产技术水平、人才聚集程度、信息技术应用能力，以及思想文化观念等多方面的差距甚至会进一步放大。因此，我们可以看到，结合区域产业基础，在既有淘宝村的周边地区形成新的淘宝村成为淘宝村空间集聚演化的主要方式，由此，淘宝村的空间集聚范围也逐步趋于稳定。

（二）核心集聚区域演化

随着广州市淘宝村的数量扩张与发展壮大，广州市淘宝村的空间集聚态势也发生了重大转变。2014—2018年，广州市淘宝村核心集聚区域出现了较大调整。2014年，广州市淘宝村尚未形成明显的核心集聚区域，仅有两个区域表现出集聚特征：一个为白云区中部，核心在白云区太和镇的西部地区；另一个区域为增城区南部的新塘镇。到2015年，白云区中部的淘宝村集聚态势进一步凸显，且其核心区域空间范围向北部拓展，延伸到了白云区人和镇的东部地区；另一个集聚区域仍是增城区南部的新塘镇。（如图6-12所示）

2015—2016年，随着花都区与番禺区淘宝村数量的迅猛增长，同时由于增城区的淘宝村数量一直保持着稳定状态，以新塘镇为核心的淘宝村集聚区域的地位开始下滑，花都西北集聚区、白云中部集聚区、番禺北部集聚区三大核心集聚区域开始显现。具体来看，2016—2018年，花都西北集聚区的集聚态势较为稳定，白云中部集聚区逐步向北部延伸，番禺北部集聚区则逐步向东南部延伸（如图6-13所示）。

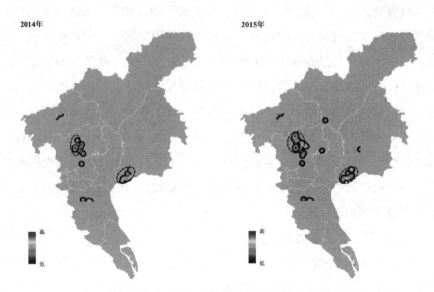

图6-12 2014—2015年广州市淘宝村核密度分析结果

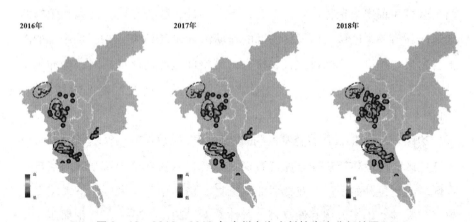

图6-13 2016—2018年广州市淘宝村核密度分析结果

（三）空间关联程度演化

2014年以来，广州市淘宝村的空间自相关Moran's I指数持续上升，空间集聚的相关程度日益升高。根据空间自相关的分析结果，2014年广州市淘宝村的空间分布集聚程度并不明显，被判断为随机模式。2015年，广州市淘宝村的空间自相关分析结果虽然被判断为集聚模式，但p值较高，为

0.055016，置信度仅为 90%。2016 年以来，广州市淘宝村空间分布的关联程度则逐步增强，p 值逐年下降，置信度随之升高。2016 年，p 值为 0.004691，置信度为 99%；2017 年，p 值为 0.000267，置信度达到了 99.9%；2018 年置信度保持在 99.9%。（如图 6-14 和图 6-15 所示）

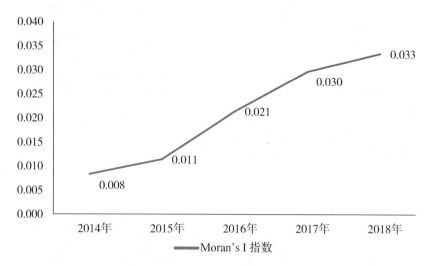

图 6-14　2014—2018 年广州市淘宝村空间自相关 Moran's I 指数

进一步对 2015 年到 2018 年广州市镇街层面的淘宝村进行局部空间自相关性分析，由分析结果可知，2015—2018 年，尽管广州市有淘宝村分布的镇（街道）由 8 个增加到 18 个，但表现出明显集聚特性的镇（街道）的增长并不是特别明显。具体来看：

（1）2015 年，表现出明显集聚特征的镇（街道）数量为 4 个，仅有 1 个镇（人和镇）为高低集聚区域，其余 3 个镇（太和镇、新塘镇、南村镇）均为高低集聚区域。

（2）2016 年，表现出明显集聚特征的镇（街道）数量为 5 个，均为高低集聚区域，分别为狮岭镇、太和镇、新塘镇、南村镇、大石街道。

（3）2017 年，表现出明显集聚特征的镇（街道）数量为 7 个，其中 3 个镇为高高集聚区域，分别为人和镇、钟落潭镇、花山镇；另外 4 个镇（街道）为低高集聚区域，分别为太和镇、新塘镇、南村镇、大石街道。

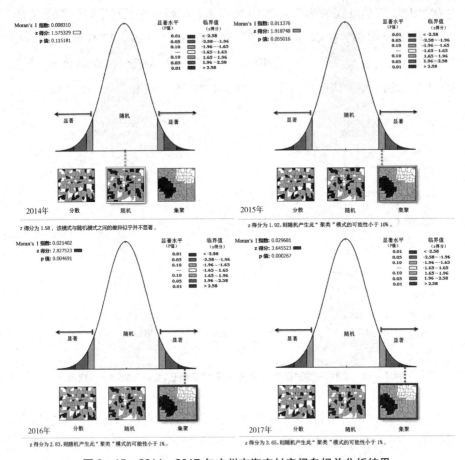

图 6-15　2014—2017 年广州市淘宝村空间自相关分析结果

（4）与 2017 年相比，2018 年，低高集聚区域没有发生改变，仅增加了两个高高集聚区域。（如图 6-16 所示）

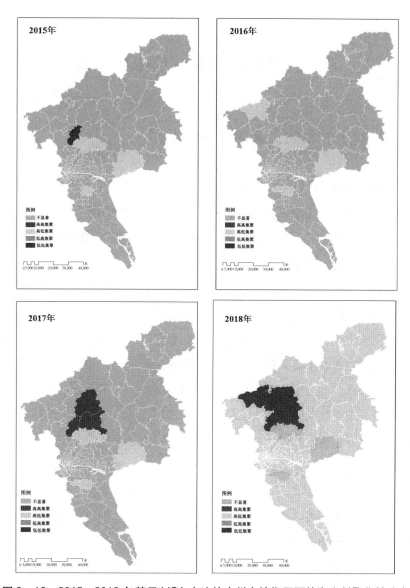

图6-16　2015—2018年基于LISA方法的广州市镇街层面的淘宝村聚集性分布

第三节 广州市淘宝村空间集聚演化机制

一、淘宝村空间集聚的影响因素

尽管当前淘宝村已经广泛分布在广州市的白云区、番禺区、花都区、增城区、南沙区等7个区,但从2014—2018年新增的淘宝村空间分布来看,新增淘宝村主要分布在白云区、番禺区和花都区。具体到镇街层面,广州市新增的淘宝村主要集中于人和镇、太和镇、钟落潭镇、大石街道、南村镇和狮岭镇。通过对广州市淘宝村空间集聚演化的分析,结合对相关文献资料的梳理,我们认为影响广州市淘宝村空间集聚的因素主要有产业基础、交通物流、房租成本、政府作用4个方面。尽管信息化水平、网络基础设施是实现电子商务最底层的基础设施,但从广州市农村信息化的建设与发展来看,在淘宝村2008—2009年起步期间,广州市各区的信息化水平和网络基础设施的差别不大,特别是自2014年起,广州市已经实现了所有行政村都通宽带互联网的目标。因此,本书未将信息化水平与网络基础设施作为影响广州市淘宝村空间集聚的因素进行考虑。

(一)产业基础

淘宝村是电子商务在农村地区的产业集群现象,而电子商务本质上是一种在网络平台上开展的贸易活动。信息技术所带来的沟通便捷化与及时化,使电子商务的发展必须具备较强的灵活性与及时性,产品生产更趋弹性化、精细化。因此,具备良好产业基础的地区具有发展与集聚淘宝村的先天条件。一方面,电子商务使生产商与消费者可以直接取得联系,降低了交易成本,生产商从利益最大化的角度出发,具备依托电子商务平台进行商业模式创新的偏好。另一方面,靠近货源与生产基地,可以让网商及时对产品与订单进行更新,从而增强其竞争力。从淘宝村来看,当地良好的产业基础可以有效降低本土农户电商创业时的物质成本、风险成本和学习成本，契合"草根式"创业的成本导向特性。曾亿武（2018）指出"草根式创业"有两个基本特征：一是成本导向型创业，即创业者的创业行为主要不是由可观的预期收益所驱动，而更多的是考虑成本的承担能力，尽可能地做出成本最小化的创业决策；二是本地嵌入型创业，即创业者将起步时的创业范围锁定在本地区域，并从所在地区的资源着手。而"草根式创业"在现阶段的中国淘宝村内是普遍存在的。

广州市的淘宝村大多表现出临近其主营产品产地或所在镇拥有相关制造业集群的特点。部分淘宝村甚至以"生产型电商"为主，所谓"生产型电商"是指商家在本地拥有工厂和仓库，但因企业规模小、实力弱，无法承受大规模进驻终端零售卖场的租金成本，因此借助电商平台进行销售。如以经营服装为主的淘宝村表现出邻近服装工厂的特征，以经营皮具为主的淘宝村也表现出围绕皮具生产基地的特点。

除了表现出临近主营产品产地以外，广州淘宝村的分布还体现出临近专业市场的特点。如以销售服装为主的淘宝村临近沙河、白马与新塘等服装专业市场群；以销售皮具为主的淘宝村集中于花都狮岭和白云两大皮具专业市场群；以销售汽配为主的淘宝村则临近白云区广从、陈田和永福等汽配市场群。广州市新增淘宝村最多的两个区——白云区和番禺区均拥有较多的专业市场。2017年白云区共拥有亿元以上的商品交易市场18个，其中农产品市场9个，纺织、服装、鞋帽市场2个，日用品及文化用品市场3个，家具、五金及装饰材料市场1个，汽车、摩托车及零配件市场3个；番禺区共拥有亿元以上的商品交易市场6个，其中综合市场3个，专业市场3个。

（二）交通物流

传统区位论强调运输因子的重要性，尤其是运输费用等交通因素对区位选择有显著的影响，也影响了企业对外联系的方便程度。虽然信息技术的发展使交通、距离等传统区位因素被弱化，但对于农村电子商务来说，交通与物流配送是其至关重要的一个环节。商品从农村运输到全国各地的消费者手中，交通物流运输是不可或缺的环节，其中物流配送的效率直接影响了农村电子商务的发展。可以说，农村电子商务对物流快递行业具有较高的依赖性。本质上，消费者在运用电子商务平台开展消费时，物理空间距离已经不在其消费行为的考虑之中了，而交通物流运输时间以及费用则成了其消费行为的重要考虑因素，即消费者已经将对购物的物理空间距离考量转换到交通物流上。因此，完善的物流体系有利于提高商品的配送速度与效率，促进商品交易达成，农村电子商务也会选择在交通物流运输条件优越的地区发展。同时，各地为了加快推动农村电子商务的发展，也不断推动交通运输体系的完善，优化物流运输方式，并扩大快递配送点的覆盖范围。

尽管物流快递产业与电子商务发展之间的联系十分紧密，但两者之间的关系并不是单向的关系，而是一种协同演化、互相促进的关系。有学者认为淘宝村集群形成的初始阶段对物流快递的要求仍留有一定的弹性空间，并不需要等到物流体系十分完善，能够辐射到村或者入村设点的时候才开始发展电子商务。如阿里研究中心在《淘宝村研究微报告 2.0》中就指出，多个淘宝村的案例表明，往往是淘宝村的出现，刺激了对基础设施的巨大需求，进而加快了基础设施的建设速度。即随着淘宝村范围内投身于电子商务的农户数量的增多，在规模经济效应的带动下，物流快递公司才陆续进驻村庄，或在村庄设置物流配送点。这是产业集群发展对外部资源的虹吸作用。

根据广州市规划院的研究，广州市的淘宝村大多分布在道路网络较为便捷的区域，大部分位于广州市 30～45 分钟的时圈范围内。便捷的道路网络使淘宝村电商产品购销能够在 1 小时内完成，这是淘宝村追求高效率商品流通的重要保障。从物流配送来看，广州市有电子商务配送点的村的数量较多的地区，也往往是淘宝村集聚的地区。当前，广州市淘宝村主要分布在白云区、番禺区和花都区。2017 年，白云区有电子商务配送点的村的数量为 51 个，占其全部村委会数量的比重为 43.2%；番禺区有电子商务配送点的村的数量为 124 个，占其全部村委会数量的比重为 80.0%；花都区有电子商务配送点的村的数量为 63 个,占其全部村委会数量的比重为 33.9%。而黄埔区有电子商务配送点的村的数量仅有 2 个,到目前为止,黄埔区是广州市范围内唯一一个没有发现淘宝村的区①。广州市规划院通过对全广州市快递 POI 点与淘宝村分布进行叠合分析,指出淘宝村内往往分布着密集的快递收发点,其中广州市最大的淘宝村——大源村,在其 3 平方千米范围内分布着近百家快递收发点,而广州市淘宝村最密集的地区——太和镇,则是广州市物流仓储体系最为发达的镇区之一。

(三) 房租成本

一直以来,土地和房租成本都是企业生产要素成本的重要组成部分,也是影响企业展开选址活动最重要的因素之一。传统地租理论便认为地租是一个经济杠杆,对城市土地的利用可起到多方面的协调作用,从而形成了不同经济活动在城市空间上的分布态势。淘宝村中的网商大多采用的是"款多,量少,货期短"的销售模式,这使其对仓储空间价格和位置极为敏感。在当前房价日益高涨的背景下,房租成本的上升使淘宝村的部分网商不得不向房租更低的地区转移,从而也带动了其他区域的淘宝村的形成与发展。根据广州规划院的研究成果,当前广州市淘宝村多数分布于村集体住房租金价格在每月每平方米 10 元以下的地区。他们还指出当电商在某一个村内过度集聚,会抬升城中村经营空间的价格,使部分对价格敏感的电商逃离到价格更为便宜的相邻村域,这在客观上促进了淘宝电商在空间上的扩散。(如图 6-17 所示)

(四) 政府作用

诸多学者研究指出,政府作用是产业集群形成和发展的重要因素,政府的政策推动以及准公共物品的投入可以促进产业集群竞争力的提高,进而推动区域经济发展。政府对淘宝村的培育和发展起着重要的作用,尤其是政府牵头建设的产业基地等附带了一系列的优惠政策,农村电商在进行区位选择时均会将其纳入考量范围。曾亿武(2018)归纳并总结了淘宝村

---

① 荔湾区、越秀区、天河区、海珠区由于没有村委会,所以被排除在外。

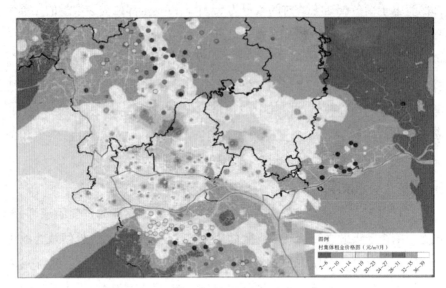

图 6-17　2017 年广州市村集体住房租金价格分布

资料来源：广州市规划院《广州市 125 条淘宝村的背后》。

空间集聚过程中的政府作用，将其归结为三个方面：一是促进技术扩散。在依靠农村社会网络实现自发传播的同时，政府可以通过加强宣传、推介创业榜样、营造创业氛围、组织培训、提供信贷支持、升级网络设施、提供网络资费优惠等措施进一步促进电子商务技术的扩散。二是增强产业集聚。顺应电子商务的发展需要，政府通过拓宽重要物流干道、加强产业园区和专业市场建设、创造优越的办公环境、出台人才引进和招商优惠政策、鼓励外出人才返乡创业等途径加快产业集聚的速度和广度，增强集聚经济效应。三是治理质量危机。这主要体现在政府建立质量监督与检查制度、打击假冒伪劣商品销售行为、引导产业主体成立行业协会以加强行业自律和信用管理、规范网络交易行为、引导电商农户诚信经营、建立消费者纠纷事件响应机制、加强媒体宣传力度和举办各类大型活动以扩大区域品牌知名度等方面。

广州市淘宝村的空间集聚演化也与政府的作用有着密切的关联。2013年，广州市出台了《广州市人民政府办公厅关于印发加快电子商务发展实施方案（试行）的通知》，2014 年 9 月将其修订为《广州市人民政府办公厅关于印发加快电子商务发展实施方案的通知》，明确提出从 2013 年起连续 5 年，市财政每年投入 5 亿元扶持电子商务发展。随后，广州市商务委联合市工信委、市财政局制定并印发《广州市电子商务发展专项资金管理办法》，规范了市电子商务发展专项资金的管理，提高了资金使用效益。作为淘宝村集聚地区，番禺区 2015 年发布了《广州市番禺区人民政府关于印发番禺区扶持电子商务发展暂行办法的通知》，其中明确提出设立电子商务产业发展专项资金，并对电子商务园区、电子商务企业以及电子商务公共培训项目给予一定的补贴与奖励。

二、淘宝村空间集聚的演化机制

曾亿武（2018）曾通过对农产品淘宝村集群的研究，提出了一个农产品淘宝村集群的整合性演化模型。在该模型中曾亿武提出，农产品淘宝村集群形成所需具备的要素条件主要有产业基础、电商平台、网络设施、物流条件、创业能人、政府作用和市场需求。农产品淘宝村集群的形成过程包含"技术引进""技术扩散""质量危机""产业集聚"等构成环节，推动农产品淘宝村集群向前演进的动力机制主要源于社会网络与模仿行为、竞次与机会主义行为、分工经济与集聚经济。具体来看，农产品淘宝村集群的电子商务技术扩散得益于农村社会网络和模仿行为在降低技术采纳成本和风险、提高预期收益方面所发挥的作用，此后的产业集聚发生动因在于分工深化和地理集聚能够带来各种经济好处。在集群形成的过程中，可能掺杂着一定程度的质量危机，这主要源于局部农户的竞次行为和机会主义行为。（如图 6-18 所示）

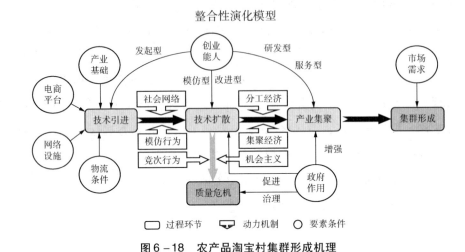

图 6-18　农产品淘宝村集群形成机理

资料来源：曾亿武《农产品淘宝村集群的形成及对农户收入的影响——以江苏沭阳为例》。

借鉴产业集聚的相关理论，在曾亿武研究的基础上，根据我们对广州市淘宝村时空演变与空间集聚演化的分析结果，本书提出淘宝村空间集聚的演化机制（如图 6-19 所示）。

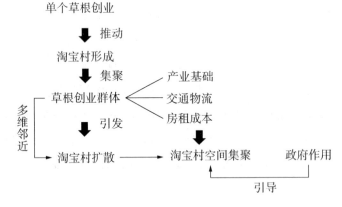

图 6-19　广州市淘宝村空间集聚演化机制

第一，草根创业是淘宝村形成与扩散的核心，正是一大批富有草根创业精神的农民网商的集聚，才促进了淘宝村的形成与扩散。

第二，受到多维邻近的影响，在草根创业的需求下，基于创业者对区域产业基础、交通物流、房租成本等因素的综合考量，淘宝村更为倾向于在现有淘宝村的周边地区扩散或集聚。多维邻近包括地理邻近、制度邻近和社会邻近等。相同的区位（地理邻近）和相似的知识、规范和价值取向（制度邻近）有助于异质性主体形成合作伙伴或进行知识交流与集体学习，从而形成本地化的学习网络，进一步推动产业集聚、邻近扩散与创新。当淘宝村内不同类型的网商通过反复的互动建立起友谊、亲情和经验时，会带来潜在的合作伙伴以及信息的交流，通过社会嵌入（社会邻近）增强组织之间的信任。

第三，鉴于淘宝村的发展模式以自下而上为主，政府在淘宝村集聚过程中的推动作用，则可认为是一种辅助条件。一方面，政府可以通过政策扶持、提供公共培训机会等活动，主动作为，增强淘宝村的集聚效应；另一方面，政府通过营造良好的营商环境，间接地降低农民群体的创新创业成本，将有助于草根创业活动的开展，从而影响淘宝村的形成与集聚。

第七章 淘宝村内部时空演化研究
——以里仁洞村为例

第一节 区域选择

里仁洞村地处广州市番禺区南村镇西南侧，番禺大道与金山大道、兴业大道交汇处，东连江南村，西面与钟村街相邻，南临东环街，北接官堂村，村域总面积约6.6平方千米（如图7-1所示）。截至2018年11月，里仁洞村总人口数为81877人，以外来人口为主，其中常住人口42572人，来穗人员39305人。在常住人口中，村民户籍人口数仅为6079人，非村民人口达到了36493人[①]。2017年，里仁洞村集体经济总收入为3863万元，其中物业收入为2877万元，占总收入的74.5%。

里仁洞村是广州市兴起最早、最具规模的淘宝村。早在2013年，里仁洞村就被阿里研究院列为全国首批20个淘宝村之一。2015年，在全国活跃网店数最多的10个淘宝村中，里仁洞村排名第一；2017年，在全国电商创业最活跃的100个淘宝村中，里仁洞村位列第三，仅次于大源村、犀牛角村（见表7-1）。因此，以里仁洞村作为淘宝村的研究案例具有一定的典型性和代表性。

---

① 资料来源：番禺区南村镇政府《关于里仁洞村调查基础数据补充公示的通知》。

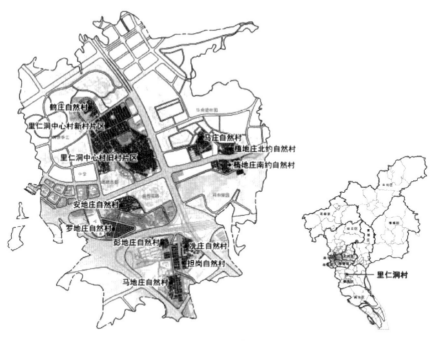

图 7-1 里仁洞村范围及区位

资料来源:杨思、李郁、魏宗财、陈婷婷《"互联网+"时代淘宝村的空间变迁与重构》。

表 7-1 2017 年电商创业最活跃的 100 个淘宝村(前十位)

排名	城市	区县	镇/街道	村
1	广州市	白云区	太和镇	大源村
2	广州市	白云区	京溪街道	犀牛角村
3	广州市	番禺区	南村镇	里仁洞村
4	湖州市	吴兴区	织里镇	大河村
5	揭阳市	普宁市	池尾街道	上寮村
6	湖州市	吴兴区	织里镇	河西村
7	湖州市	吴兴区	织里镇	秦家港村
8	金华市	义乌市	江东街道	青口村
9	广州市	花都区	狮岭镇	益群村
10	苏州市	常熟市	虞山镇	安定村

资料来源:阿里研究院《中国淘宝村研究报告(2017)》。

第二节 前淘宝村时代的里仁洞村

1993年以前，里仁洞村属于珠三角传统村落。随着1993年番禺大道的正式通车以及外来服装企业的入驻，里仁洞村实现了向工业村的转变。乡村工业替代传统农业成为里仁洞村经济发展的支柱，服装制造业也超越农业成为村庄的主导产业。根据张嘉欣等（2018）的研究成果，在未成为淘宝村以前，里仁洞村的发展历程主要可以分为三个阶段：一是传统农业阶段，二是工业发展阶段，三是商业转型阶段。

一、传统农业阶段

20世纪90年代以前，由于贯穿乡村中部的番禺大道尚未通车，里仁洞村交通可达性较低，与城市间相互联系较少。此时，里仁洞村的经济发展仍以农业生产为主，村民主要通过种植番薯、水稻等农作物与交易农副产品的方式获得收入。里仁洞村的人口组成以本地村民为主，外来人口较少。由于地处偏僻，而且经济发展较为落后，番禺地区流行着"好女不嫁里仁洞"的说法。

二、工业发展阶段

从20世纪90年代开始，广州进入了快速工业化发展的阶段，里仁洞村也随之赶上了工业化进程的列车，吸引了包含大型乡镇服装企业和小型家庭作坊等类型的大批服装生产企业入驻，促进了以乡镇企业为主导的村域经济的蓬勃发展。在1990年到2000年的10年间，里仁洞村农村工业化推进较快，基本实现了主导产业从第一产业向第二产业的转变。里仁洞村工业化进程的快速推进主要源自两大因素——良好的交通区位和低廉的租金价格。一方面，作为广州一条纵贯南北的主干道，番禺大道的正式通车改变了以往里仁洞村对外交通不便的状况，有效地将里仁洞村与广州中心城区联系了起来，区位交通条件因此得到了极大的改善。另一方面，里仁洞村地处广州中心城区的外围，地租较低，此时的住房仍以农民自建房为主，较低的房屋建造成本使房屋本身的租金较低，再加上未开发建设的空地较多，能够给租客提供良好的工厂建设条件。两大优势条件的叠加推动了里仁洞村乡村工业化的迅速发展，加快了农村城市化进程。

随着里仁洞村逐步演变为一个传统服装生产加工的集聚空间，村内的空间形态也发生了改变，建设用地大幅度扩张，"生活居住+农业生产+工业生产"三位一体的空间布局形态初步形成，并呈现出"单体有序、整体混乱"的空间形态特征：工业生产空间呈点状散布在道路两侧，居住空间呈块状分布在内部，农业空间呈面状分布在外围，各自分散嵌入村庄内部。

三、商业转型时期

随着村庄内部服装企业的增多，原有的土地空间已经无法满足这些企业发展的需求，里仁洞村决定将北部靠近城市主干道的片区改造成适合服装企业发展的新村，南部片区仍保留现状。新规划的北部片区被命名为朝阳新区，它成为随后的电商空间集聚的主要区域。服装产业的蓬勃发展吸引了以生活服务类为主的零售商业不断进驻，由此以"工厂、作坊、仓库、零售商铺"为主体构成了商业转型时期里仁洞村主要的平面空间业态，呈现出"前店后厂"的空间形态特征：商铺大多占据良好的地理位置，分布于主要道路沿线及交叉路口；工厂、作坊和仓库则分布于租金较低的新村内部。在垂直空间上，朝阳新区逐步形成了"工厂—仓库—办公—居住"的发展模式。村民大多都将房屋首层及二层建造成较为联通的大空间，出租给企业作为工厂空间或者仓储空间；将三层及以上分隔为 2～3 套单元，出租给工厂作为宿舍区，或者出租给个人作为居住空间和办公空间；将顶层留作自家居住使用。

第三节　里仁洞淘宝村的形成过程

当前，众多学者从生命周期的角度出发，研究了产业集聚的成长过程，并总结提炼出其成长模型。如 Bruso 提出"两阶段"成长模型。该模型指出，集群的出现大都是自发性的，第一阶段为无政府干预的自发成长阶段；当集群到一定规模时，政府或行业协会开始干预集群的成长，向集群提供多种多样的社会化服务，此为第二阶段。此理论与淘宝村发展契合度很高。Otsuka 等归纳出产业集群"两阶段"演化规律，即斯密式增长、熊彼特式增长。克鲁格曼（1991）、波特（1998）也认为集群的演化存在着一定的生命周期，大致包括 5 个阶段：集群形成、持续增长、饱和与转型、衰退、死亡或复兴成长。国内学者也对产业集群的生命周期进行了研究与探讨，提出了各自的阶段划分。如魏守华（2002）把产业集群的成长划分为发生、发展、成熟三个阶段：第一，发生阶段，该阶段的关键推动因素是分工和外部规模经济；第二，发展阶段，该阶段的主要动力是社会资本优势和低等合作效率；第三，成熟阶段，该阶段的主要动力是集群内知识、技术的创新和高等合作效率。王缉慈（2002）从区域创新网络演进过程出发，将产业集群演化阶段分为网络形成、网络成长与巩固、网络逐渐根植三个阶段。（如图 7-2 所示）

结合前人研究成果及里仁洞村电商产业集聚形成的特点，本书将电子商务产业集群的演化过程分成产生、成长、成熟三个阶段。

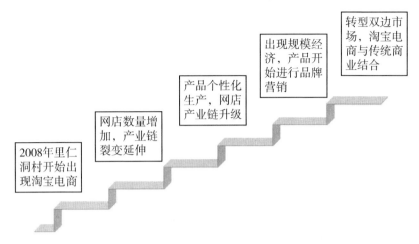

图7-2 里仁洞淘宝村生长阶段

一、产生阶段

在产生阶段,由于互联网等基础设施的优化,人力资源向区位条件较好的城郊或村落进行集聚,使"淘宝店"这样一种进入门槛低、经营风险小、操作相对容易的电子商务模式开始进入村落。当有小部分技术人才,甚至某些能力较强的个人因为这些村落的地租、人力成本等低廉而率先开始尝试发展淘宝网店后,则很快会出现村民进行模仿的现象,进而形成最初形式的基于淘宝网的电子商务集聚,促使淘宝村开始产生。在产生阶段,淘宝村内的淘宝店家数量少,并且大多是独立经营,还没有形成品牌或品牌没有号召力。店家之间的相互支持与配合较少,产业集群供应链尚未形成,特别是物流店家、中介服务机构和店家联合组织几乎不存在。

(一)淘宝村萌芽

里仁洞淘宝村的产生在2008年,潮汕人罗文斌和他的团队为了靠近工厂,获取更好品质的产品并降低运营成本,由客村转移到里仁洞村,依托里仁洞村的品牌服装加工产业基础,开始在村内从事电子商务活动,着力经营自己的淘宝网店,以服装制造及销售为主要手段,并随着市场需求的转变而对主营商品进行修正。依托罗文斌的社会关系网络,沙河、客村、沥滘、康乐等地的商家也逐步进驻里仁洞村。这些商家利用里仁洞村区位条件优越、物流行业发达、创业成本低廉、产业基础扎实等优点，探索尝试淘宝网店业务。

（二）项目扩散

曾亿武等（2015）指出，新项目被引进村庄后，要想成功扩散并最终成为村庄经济活动的主体，必须具备两个条件：一是初始创业者的新项目绩效显著从而引发其他村民的注意，二是新项目的技术难度和资金要求相对较低。大量淘宝村能够形成，一个重要原因就是淘宝模式与农民创业的天然契合性：淘宝网是一个以中小企业和个体创业者为主要服务对象的电子商务创业平台，具有低门槛、低风险的特征，对初始资金投入要求不高，技术难度也不是很高，并非高学历者和专业者才能掌握，这与农民群体资金存量小、风险规避心态、零散时间相对宽裕、文化程度总体偏低等特征相契合。初始创业者成功引进淘宝网店项目后，其喜人业绩会引发村民们的注意和模仿，最后扩散到多数家庭。

2009—2010年，里仁洞村活跃网商从最初的几家扩至50多家。就里仁洞村而言，在产生阶段，淘宝村的"初步扩散"主要是依托最早一批创业者的血缘、亲缘、地缘、友邻等熟人渠道向外扩散。在假定模仿者能力、市场机会、物质成本和机会成本大致相同的前提下，熟人具有比非熟人更高的进行模仿的可能性，基本原因是熟人具有比非熟人更高的模仿预期净收益，即产生了更强的模仿激励和动力。具体原因包括：一是熟人具有比非熟人更大的信息畅通系数，更加清楚被模仿者的实际盈利情况；二是熟人具有比非熟人更高的模仿成功概率，因为在早期创业者的用心帮助下，熟人所面临的模仿难度大大降低，而且能够持续保持较高的信息畅通程度，这有助于即时解决模仿过程中出现的新问题；三是熟人具有比非熟人更低的学习成本和风险成本，早期创业者需要承担十足的学习成本和风险成本，当他传授给熟人模仿者时，相当于发挥了规模经济效应，大大降低了模仿者的学习成本和风险成本。

此时，里仁洞村淘宝网店的蔓延是初级且机械的，各店家之间联系甚少，缺乏技术扩散的创新力，也没有相应的产业链条，特别是物流能力不足。该阶段发展的风险是随着集群规模的扩大，人力资源优势、区位优势逐渐变得不明显，而集群又没有形成完善的本地分工网络，淘宝店就可能在大规模集聚后又迅速退散。此外，集群店家间很容易发生无序竞争，盲目的模仿也可能破坏集群的健康成长。

二、成长阶段

淘宝村经过产生阶段的发展后，集群内的规模经济效益逐渐显现出来。集群步入行业内的分工和协作阶段，此时该电子商务产业集群进入成长阶段。促使淘宝村快速成长的直接动力来自产业集群的成本优势、灵活性优势、市场优势、集群学习和创新优势等因素形成的产业集群竞争优势，而在成长阶段，因为集群网络、集群创新的发育程度还不够高，集群网络、集群创新在集群成长阶段所起的作用还不突出。其中学习模仿与邻近扩散效应仍占据主要地位，同时，淘宝网商之间更多的是互利互助而非恶性竞争的关系，淘宝网商之间抱团合作也是这一阶段的主要特征。

（一）井喷式增长

随着可观收入绩效的逐步显现，最初进行"淘宝"创业的农户，成了当地的先锋力量，如罗文斌成为里仁洞淘宝村发展的领头人，在坊间被称为代理村长。借助先锋力量的引领带动作用，依托淘宝网平台开展创业活动的行为通过演示效应和网络联系扩散至其他农户。为提高收入，邻近的农户会自发随从、模仿并学习绩效高于自己的农户的一举一动。正是在这种"邻里效应"和"模仿行为"的双重作用下，里仁洞淘宝村网商数量实现井喷式增长，进入迅猛成长的阶段。2010—2012年，里仁洞淘宝村网商数量从50多家迅速增加至1200多家。

（二）抱团合作

随着村民的纷纷效仿，淘宝店也在不断地增加。随着业务量的增多，为了增加利润，店与店之间进行沟通交流；为了满足业务需求，店与店之间进行一定的能量、资源以及信息的交换。单个店铺要想持续发展下去是很难的，在这个阶段，已有的淘宝店之间会根据自身的需要进行抱团。抱团发展可以降低成本，成员之间可以相互沟通交流，可以相互学习经验。一般而言，4到6个或以上的淘宝网商会形成一个小的抱团合作团体，每个团体都会有一个领袖人物。此外，每一个淘宝网商并非只隶属于一个淘宝团体，他可能同时身居多个不同淘宝小团体，故而每个网商都能在多个小团体中来回交换信息，扩充自己的业务资源，各淘宝团体也因此实现了团队之间密切而且频繁的交流。里仁洞村的淘宝电商通过抱团合作，收到了"1+1+1>3"的功效。

（三）产业集群分工出现

然而，随着淘宝村的成长以及网商数量的扩张，店家之间的竞争也开始逐步凸显，从而导致了淘宝村电子商务产业集群的分工出现。那些实力甚强的淘宝店家继续扩大规模，而实力较弱的店家因为不甘心就此退出集群，为了避开与大店家的正面冲突不得不实行差别化经营，包括产品差别化和生产活动差别化，即产业集群的横向分工和纵向分工。尽管各个店家以产品差异化进行的横向分工在集群发展的第一阶段就可能存在，但这不是多数店家的主要活动。集群纵向分工包括集群产业内的分工与集群发展所需的上下游产业间的分工，后者在集群发展的第一阶段就已经存在，但同样受到限制。集群规模的壮大为集群产业内两个方向的分工发展提供了市场机会，而分工和协作关系直接促进了集群的成长，是产业集群成长的必要条件。

淘宝店家是为了追求上述一种或几种竞争优势才自发聚集到区位较好的城郊或村落等特定区域的，作为一种融合了市场组织与店家组织两者优势的一种产业组织形式，这种电子商务产业集群有着单个店家或者纯市场组织无法比拟的优势。罗文斌作为其中的领头人，带领着一众队伍一方面紧随市场方向，另一方面不断寻求自身的发展。其中，首批进村办制衣厂的伍先生当时28岁，他亲历了这一过程。2009年，他追随着罗文斌等大店家的脚步，来此做下线配套。工厂里有几十号帮手，手上有三四个长线大客，日均出货过千件。他介绍，村里的制衣厂基本不参与产品款式的设计,因为网店服装款式多变,店家大多送样、送料到厂,以让产品尽快面市,赶上转瞬即逝的潮流。可见,在这样一个阶段,快速的反应能力、创新能力、低廉的成本和优秀的学习成长能力也是至关重要的。

三、成熟阶段

(一)产业集中度提高

在成熟阶段,淘宝村内店家的创新能力有所增强,生产过程和产品走向标准化,集群对所在区域的经济影响作用增强。淘宝村的产品供应链体系逐步配套和完善,相关店家彼此既竞争又合作,形成复杂、稳定、密切的本地合作网络。在这个阶段,集群内出现一些在电子商务平台(淘宝网)上具有竞争力的龙头店家,群内店家和群外店家的合作和联系日益频繁。在成熟阶段,淘宝村规模、产量和销量巨大,产业集中度高,产品占市场份额大。

(二)产业集群优化和筛选

始终走在全国电子商务集群前列的里仁洞村已经进入了发展的成熟阶段。2011年左右,里仁洞村的电商数量达到了1200家,此后因各项成本的迅速增大而降至600家,这或许是对"淘宝集群"的一次优化和筛选。农民通过开设网店,不仅提高了收入,还解决了就业和创业难题。可以看到,里仁洞村已经从最初的尝试多种产品到向服装产品聚焦,再发展至形成以生产、营销、物流等为一体的产业链条,发展程度相对较高。

第四节 里仁洞淘宝村的形成机制分析

产业集聚的根本在于规模经济和集聚经济的协同作用。规模经济推动各店家在区域内发生集聚,而集聚经济则促使这一类集聚过程最终形成集聚产业区,规模经济和集聚经济的协同作用最终塑造了经济集聚核心区。

韦伯将推动传统的制造行业集群的形成因素总结为4个方面：一是技术设备的发展。随着技术设备发展逐步向专业化、功能整体化演进，各类技术设备之间的依赖就会推动制造商在区域内发生集中。二是劳动力组织的发展。一个能够充分发展且结构合理的劳动力组织在一定意义上可以看作一种设备，这样一种组织形式同样是专业性发展的，因此同样也推动着产业集聚的发展。三是市场因素，它也是制造业集群发展中最重要的因素之一。产业集聚能够最大限度地提升大量购买和售出的规模，能够在尽可能降低成本的同时获得更高的信用，甚至可能会消除各类中介成本和介入机会。四是经常性开支所带来的各类成本。产业集群的产生会刺激区域内基础设施的建设和完善，进而在相当程度上降低经常性开支的成本。

南京大学空间规划研究中心和阿里新乡村研究中心通过对2014—2018年全国淘宝村的时空演变的分析，提出了淘宝村形成的钻石机制模式。淘宝村形成的钻石机制模式由5个要素组成，其中草根创业、主营产品、平台赋能和政府扶持是影响淘宝村发展的四大核心因素，而乡村治理是淘宝村能否实现升级转型的关键（如图7-3所示）。他们指出，淘宝村的形成源于富于开拓精神的乡村草根创业者的创业活动，在依托当地的产业基础与资源禀赋发掘特色产品的基础上，借助电子商务平台的链接能力，推动了农村地区电子商务产业的发展。随着其带动示范效应的显现，在政府的政策支持与资金帮扶下，普通乡村逐步成长为淘宝村。

结合南京大学空间规划研究中心和阿里新乡村研究中心提出的钻石机制模型，以及本章对里仁洞淘宝村的形成过程的分析，我们提出淘宝村的形成主要受利润驱动与区位选择、创新创业精神、社会资本与信任机制、劳动力素质等因素影响，具体形成机制如下（如图7-4所示）。

（一）利润驱动与区位选择

一般来说，生产过程中一切要素所发生的集聚、扩散、解构与重组都是为了能够在不断降低成本，追求最低投入的同时创造尽可能大的收益。换言之，不论是电子商务公司还是传统企业都会追求一种能够取得最高收

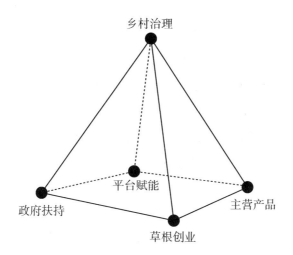

图 7-3 淘宝村形成的钻石机制模型

资料来源：南京大学空间规划研究中心和阿里新乡村研究中心《中国淘宝村发展报告（2014—2018）》。

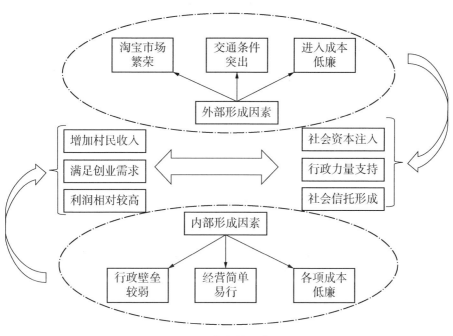

图 7-4 淘宝村形成机制

益的地理区位。收益的不同和差异造就了对区位选择的动机,而这种流动和选择最终消除了在空间上的收益差距。比如,近郊或城中村内的淘宝电商就倾向于大规模集中。事实上,这种集聚最主要的动因是通过不断地追求短期的利益来取得长期利益,最终实现长期利益最大化。

淘宝村和传统产业集群一样,集群内店家都是以盈利为目标。淘宝产品的特征是在同实体店生产成本相仿的基础上,因为人工成本、经营成本更低而价格相对低廉,产品很容易趋同而导致竞争相当激烈。因此,淘宝店家的发展更注重按需生产。由产品与用户相互关系决定的市场特征成为淘宝村发展的考虑因素。如果产品具有庞大的需求市场,那么道路运输的易达性和物流公司的营运能力就成为产业区位选择和确定的一个主要因素;如果产品市场具有独特性,即为特殊用户生产,那么在产品的使用和保养等方面就要与用户保持持续的联系,因此,空间接近就成为产业区位选择的必要条件之一。

而在现阶段,国内淘宝村的形成区位所表现出的最大特点就是靠近当地主要制造业的生产地,并且其主营产品及内部产业结构同当地的传统产业结合得相当紧密。比如,温岭市泽国镇的双峰村、长大村就表现出这一特征——在当地具有明显的制鞋生产能力的基础上衍生出鞋业淘宝村。这样的一种集聚能够充分地利用当地现有的生产基础,极大地降低了自身发展的成本,继而借助当地的品牌效益提高自身的收益。

因此,在进行电子商务集群区位选择时,应通过分析产品与消费者的关系,确定产品市场的特征,然后再确定产业的区位。当这种区位聚焦于某一具体的村落后,淘宝村就得以孕育和发展。

但是与之相对应的,成本出现波动时,会对目前的淘宝村的发展造成强烈的影响。随着商家的不断聚集,里仁洞村内的房租水涨船高,特别是近一年来,房租上升的幅度高达100%,商家们面临着巨大的成本压力。仅2013年,搬离淘宝村的商家就多达100多家。"从最高峰时的超过1200家,减少至现在的600多家。"淘宝村在发展中遇到了难以逾越的瓶颈。据悉,目前仍有商家表示,如果房租持续大幅上涨,他们也将考虑搬离此地。

除了房租成本，用工成本问题也日益严峻，特别是近年来员工招聘越来越难，成本越来越高，以至于目前只能通过同乡介绍才能缓解部分用工的压力。

（二）创新创业精神

对于一家淘宝商家，尽管有可能因为营运者具备相当的创新能力，因此有很多创新工艺和新的技术，但是若所处区域内并不存在一定规模的具备较强创业精神的人才，则很难将其想法快速准确地转化为商业产品，更多的是需要选择同已有的大规模制造商进行不断的协商与谈判，这样最终推向市场的产品其创意和生命力是否保持了应有的活力是值得质疑的。同样，许多在新的营销手段或产品上具有极大的兴趣，并且对市场有着很强敏感度的新成立的电商在空间上形成集聚，则能够有效地解决这一问题，进而提升各自的生命活力。同时，在空间内因为创业精神的不断繁衍，相当数量的淘宝电商可能会在短时间内迅速成长，继而快速加剧区域内的行业竞争，这对激活淘宝村内各电商的生命力、增强其活力同样具有重要意义。

创新创业精神中最重要的是创业能人的企业家精神。前人的研究成果表明，任何产业集群的发展都离不开一批创业能人发挥的企业家精神和创造力。在淘宝村形成的不同阶段，需要不同类型创业能人的出现并发挥其重要的作用，具体包括以下5种类型。

一是发起型能人。在淘宝村形成的产生阶段，网店往往是由一个或若干个创业能人率先发现、识别、尝试和完成的。

二是模仿型能人。发起型能人成功将网店经营起来，获得超额利润，吸引大量农户追随并模仿。然而，在现实社会中，并非所有模仿行为都能成功，需要有大量的模仿型能人才能使产业突破规模限制而实现规模经济和范围经济，带来交易成本的节约而获得产业优势。

三是改进型能人。模仿型能人未必都只是简单地模仿学习，部分模仿型能人同时扮演着具有创新精神的改进型能人角色，例如，改进包装的方法、拓展网货的品类、创新营销策略、提升服务质量等，改进之后的新做法同样会通过模仿行为和知识溢出演变成本地所有电商创业者的共同福利，推动淘宝村电子商务产业集群规模的扩大。

四是研发型能人。研发型能人通常是集群吸聚而来的外部人才或产业集群内意识到未来可能面临的挑战且有变化倾向的创业家，主要发挥引进和开发新品种、新标准、新技术、新模式、新创意，带动本地产业升级的作用。

五是服务型能人。淘宝村的成长离不开电商服务体系的支撑，因此需要一批服务型能人，为农民网商提供创业孵化、技术培训、信贷支持、网店装修、摄影美工、视频制作、营销推广、商标设计等方面的专业服务。

这些创业能人呈现出与传统农民截然不同的特征，被称为"新农人"。无论是电子商务的引进，还是后期的扩散，新农人群体始终都是引领淘宝村形成与发展的核心力量。一般而言，新农人具备较高的文化素质。与传统农民相比，新农人群体受教育程度总体较高，拥有较强的计算机使用技能。此外，新农人大多拥有互联网基因。新农人生于互联网时代，长于互联网时代，互联网使用频率高，线上社交频繁，日积月累，就拥有了能够适应互联网发展的思维方式、价值观念和文化心态。

（三）社会资本与信任机制

科尔曼在1998年指出，社会资本的主要形式大体分为三种：一是责任、期待和信任，二是信息渠道，三是规范和有效的法令。

社会资本根据其拥有者获得社会资本的时段的不同可划分为先赋型社会资本和引致型社会资本。先赋型社会资本是指个人的亲缘关系、同乡关系、家庭的社会威望以及企业与其投资各方的关系，而个人的同学关系、同事关系、个人的声望信用、企业之间的业务合作关系、企业的商誉都是引致型社会资本。

社会资本就是指社会网络中基于合作的参与者的声誉，也就是建立在个人层次上的产业集群中企业与企业之间的互相信任、友好、尊敬和相互谅解的关系。信任和声誉通过减少交易的具体风险和协调成本可以减缓信息的不对称，加强关系，增加网络结构的有效性并增强本地企业探索和利用区位特定资产的能力。同时,信任和声誉加强了组织惯例的整合,组织惯例会增加其独特性和不可模仿性。

对于淘宝村中的各类企业及店家而言,信任是社会资本的主要要素,产业链间的合作与信任对于每一个淘宝店家来说都是自己独特的社会资本。这种社会资本可以为淘宝村中的每个个体带来无法复制与模仿的竞争优势,也是淘宝村中的各店家获得集聚性资金的核心要素。

(四)劳动力素质

劳动力素质是影响淘宝村形成的另一个重要的因素。淘宝电商的生产过程包括了不同的工序或阶段,每一工序或阶段对劳动力质量的要求不尽相同。以知识为基础的研究、设计、运营等,所需的劳动力一般要求具有较好的创新能力和学习能力;而对一般的物流、客服等需求量较大的工种则一般要求较低。

这形成了淘宝村内电商对学习能力、技术能力较强的高端人才有非常高的依赖性但需求量相当少,而对一般型劳动力需求量大但其流动性强的劳动力结构特点。在调研中发现,里仁洞淘宝村的经营者学历大多为初、高中和中专(约为46.88%),但是其所雇佣的核心运营人员大多为受过高等教育的专业型人才,这使得这些店家经营能力强,营业水平高。

因此,淘宝村的发展需要紧邻廉价劳动力的空间区位,同时需要凭借良好的盈利能力和支付能力吸引一定量的高端人才来维持自身的生存与发展。因此,大量的淘宝店家选择在地租相对低廉、人力成本较低、人流量大且并不十分远离市区的城中村进行大规模集聚,从而形成淘宝村。

第五节 里仁洞淘宝村的空间演化分析

一、里仁洞淘宝村的空间演化过程

从产生到成长再到成熟,里仁洞淘宝村空间变迁的主要过程是从北部中心村向南部边缘的自然村扩散的过程。具体来看，这一过程呈现出以点带面、就近扩散与"产居"一体化、跳跃式发展与"商产居"功能分离的特点（如图7-5所示）。

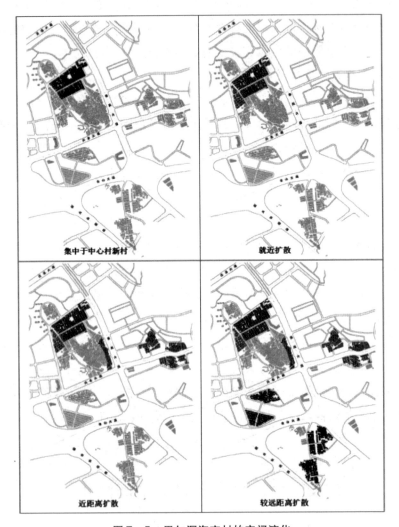

图7-5 里仁洞淘宝村的空间演化

资料来源：杨思、李郁、魏宗财、陈婷婷《"互联网+"时代淘宝村的空间变迁与重构》。

(一）产生阶段：以点带面

在此阶段，村内部分村民依靠邻近村内的服装加工制造厂，在淘宝网平台上销售本地企业生产的服装，进行网上创业，从空间上来看，主要呈点状分布在番禺大道北以西、兴业大道北侧的里仁洞村（自然村）内。随着电商从业人员的逐步入驻，以及淘宝网商数量的增多，村内电子商务产业空间逐步扩散，形成面状的空间分布特征，并形成了以朝阳新区为核心的电子商务集聚区。

（二）成长阶段：就近扩散、"产居"一体化

1. 就近扩散

随着电商产业的发展，村内商户已逐渐不能自行解决所需的生产性服务，对配套服务提出了更专业化、规模化的需求，催生出提供相关服务的企业。但位于番禺大道北以西、兴业大道北侧的里仁洞村（自然村）村内空间不足，难以满足新的空间需求。因此，里仁洞村集体对鹤庄村空间进行统一规划，将其发展为电子商务配套服务聚集区，推动了村内电商产业空间的就近扩散。

2. "产居"一体化

随着里仁洞村逐步由服装制造业主导的专业化空间转变为电子商务产业主导的多元化空间，电子商务产业的出现使原"生活居住＋工业生产＋农业生产"功能混合的乡村空间转变为"电商（工业）生产＋生活居住"功能一体化的空间。

以单栋建筑作为电商产业的基本空间单元，主要呈"上店下厂"或"上店下铺"的独特空间功能结构，在垂直空间上实现电子商务产业与居住空间的"产居"一体化。"上店下厂"形式的具体表现为：建筑首层作为服装生产与加工制造的工厂空间（包括家庭式作坊与一般制衣加工工厂）；二层及以上的空间划分为面积不等、格局相似的多个隔间，供经营电子商务产业的工作团队或家庭租住，其中客厅作为进行网络销售与货物包装的主要经营场所，走廊、楼道则作为堆放货物的存储空间。这种垂直的空间布局方式通过首层工厂为楼上网店提供货源，楼上网店为首层工厂

提供销售渠道的形式，加强了工厂与网店之间的联系。"上店下铺"形式的具体表现为：建筑首层作为电商产业相关生产性服务业（批发、物流、餐饮、超市等）的商铺空间；二层及以上的空间布局与"上店下厂"的布局相似，主要用作电商商户的经营与居住场所。这种垂直的空间布局方式通过下层商铺为上层网商提供配套服务的方式，体现了电商产业与居住功能一体化的特征。

（三）成熟阶段：跳跃式发展、"商产居"功能分离

1. 跳跃式发展

2013年，在村内租金持续上涨与电商不断进驻的双重压力下，里仁洞村（自然村）与鹤庄村的电子商务产业空间开始被压缩，区域内电商逐步向附近城中村迁移。但由于里仁洞村（自然村）与鹤庄村周边区域已改造为城市居住小区，里仁洞村的农村网商群体、农村电子商务产业只能呈跳跃式发展，扩散至紫翠苑以南，分布在兴业大道两侧的植地庄北约村与植地庄南约村内。

2. "商产居"功能分离

2014年起，为更好地引导电子商务产业的发展，促进电子商务产业集聚，番禺区政府以里仁洞村为中心，在其周边规划建设了集生产、物流与公共服务于一体的创富时尚产业园、万利商业园与星河创意园。其中，创富时尚产业园规模最大，位于兴业大道北侧、植地庄北约东侧，占地面积约3万平方米，建筑面积约6万平方米；园区内共有8栋办公楼，主要有服饰成品展示区、办公区与员工生活服务区、配套小公园、体育场、饭堂、快餐店、咖啡厅等场所与充裕的停车位，设施完善，环境优美。万利商业园位于鹤庄村东侧、番禺大道北西侧，占地面积约4万平方米，间隔从85平方米到上千平方米不等，园区内有物业管理、金融银行、美术设计公司、儿童教育机构等企业，满足电商产业的服务需求。星河创意园位于兴业大道与番禺大道北交界处，占地面积较广，配套设施齐全，园区内进驻企业以包含生产环节的企业为主。

在政府的引导下，里仁洞村内部分网商迁入位于鹤庄村东侧新建的万

利商业园,实行集中管理、集中发展,村内商业服务空间逐渐向番禺大道北、兴业大道两侧临街空间聚集。由此,里仁洞村内部居住生活空间与商业服务空间逐步从中抽离,由"产业空间+居住空间"一体化转变为"商产居"(商业空间、产业空间与居住空间)分离的状态。

二、里仁洞淘宝村空间演化的动力机制

(一)电子商务带动下的自主空间改造

对于电子商务发展初期的网商而言,其空间需求较为简单,能够满足一张电脑桌的电子商务办公需求和少量的产品存储需求即可。因此,在淘宝村发展初期,只需对宅基地上的存量空间进行利用或对传统空间功能进行简单的调整就能开展电子商务活动。对于自产自销的农村网商来说,在初期发展阶段对宅基地上的房屋进行简单的改造也足以满足基本的生产需求。部分农村网商出于产业发展的需求,对自家宅基地进行了改造,将其建造成生产厂房和物流仓库等产业建筑。另外,部分村民为了吸引创业网商入驻,增加租金收入,也对自身房屋进行自主改造。可以说,里仁洞村村民的自主空间改造源自电子商务发展的空间需求,而村民的自主空间改造行为也为电子商务的发展提供了大量低成本的用房空间,推动了电子商务以点带面的空间扩散。

(二)服务支撑体系的空间集聚效应

网商群体的进一步发展需要金融、物流、设计、营销等配套服务的支撑,里仁洞村电子商务产业的快速发展吸引了大量的配套服务进入,进一步丰富了村内空间的功能,改变了村内空间的形态。由于电子商务配套服务功能的空间规模要求不高,普通商铺足以承载相应的功能,因此并不存在明显的空间扩张效应。一般而言,与电子商务配套的物流、仓储、金融、设计、营销等服务的半径较大,一个或几个服务点就能覆盖整个淘宝村或淘宝镇的大部分网商。而对于个体网商而言,其对配套服务的需求并非单一和明确的,根据其经营活动的阶段,往往同时产生多种服务需求。

因此，物流、仓储、金融、设计、营销等配套服务在空间上的集聚又带动了淘宝网商进一步在已有空间的集聚，在网商配套服务较为集中的区域布局，从而获取相关服务，并节约时间和交易成本。

（三）激烈竞争下的"挤出"效应

随着淘宝村的进一步发展，网商群体数量不断增多，基于村民的模仿行为以及本地学习网络，里仁洞村的淘宝网商大多以生产销售同类产品为主，从而造成了激烈的同质竞争。在同质竞争激烈与发展空间不足的双重压力下，里仁洞村的各项成本也逐步上涨，包括房租成本、用工成本、日常运营成本等，从而形成强烈的"挤出"效应。里仁洞村的部分网商逐渐向周边自然村扩散，依靠亲缘和地缘的同乡社会网络，部分网商领头人带动以其为核心的同乡圈际网络整体向周边自然村迁移，由此触发了里仁洞村的空间扩散，呈现出"就近扩展—近距离扩展—较远距离扩展"的空间变迁特征。

（四）政府的主动改造与有效引导

除了电商产业的助力，以政府为主导的前期村镇改造在里仁洞村的空间重构过程中也发挥了重要作用。2005年以来，在广州举办亚运会的契机下，广州市政府对市内多个村镇开展改造工作，里仁洞村抓住先机，顺利实施村内的空间改造与优化工作，新建了北部新村片区，在整合并提升服装小作坊的同时将服装制造空间转移至新村片区，实现了生产空间与生活空间的隔离。这些举措不仅为村内电商产业从业人员营造了一个良好的创业环境，更为后期里仁洞村成为电商产业集聚的多元化空间发挥了空间重构的引导作用。在此基础上，政府还积极推进电商协会的筹建，加强电商培训，为建立良好的电商经营环境提供有力的政策支撑。

第八章 里仁洞村产业生态系统演化研究

第一节 理论框架

一、产业生态系统理论

（一）基本概念

在产业生态系统理论中，由一群企业组成的群体，有三种不同的组成层次：种群、群落和生态系统。

（1）种群，是指一定空间中同一物种个体的集合，是物种存在的基本单位。就产业生态系统而言，是指一定区域内，一群工艺、技术相似的企业所组成的几何体。种群内的个体不是孤立的，而是通过复杂的种内关系组成的一个有机的统一体。

（2）群落，是指某一区域中，所有种群组成的群体。就产业生态系统而言，是指一定区域内，关系密切的各种企业种群所组成的集合体。

（3）生态系统，是由企业群落所组成的产业集群以及当地的社会环境共同组成的体系。（见表8-1）

表8-1 生物体系与产业生态系统的对比与定义

生物体系		产业生态系统	
范围	定义	范围	定义
种群	生活在同一场所的同种生物	企业种群	同一区域中,一群工艺、技术相似的企业所组成的集合体
群落	生活在同一场所的不同种群	企业群落	同一区域中,关系密切的各种企业种群所组成的集合体
生态系统	生物聚群与自然环境	产业生态系统	企业群落与社会环境

资料来源:刘天卓、陈晓剑《产业集群的生态属性与行为特征研究》。

(二)种间关系

种间关系,即不同生物种群之间的相互关系。种间关系有多种形式,总体来看,种间关系主要分为正相互作用和负相互作用。其中,正相互作用包括偏利共生、原始协作和互利共生;负相互作用包括竞争、捕食、寄生和偏害。就产业生态系统而言,种间关系主要表现为竞争关系、共生关系和捕食关系。

1. 竞争关系

具有相似需求的两种生物在一起,必然会对共同的食物、空间、水分等资源产生直接或间接的争夺现象称为竞争。企业作为一个有机体,同样需要各种资源(人力、物力、财力)的支撑才能生存下去。因此,在有限的生存环境中,随着企业数量的增多,经营量的增大,对资源的争夺会日益激烈。当两个或多个企业利用同一资源时,它们之间便会发生竞争行为。由于竞争关系的存在,在一个时期内,区域环境存在着所能容纳的企业数量的最大值,即种群规模。在种群规模以内,企业所需资源还相对存在可开发的空间,企业间的竞争不会特别激烈。无论竞争方式如何,企业只要正常经营就不容易死亡。随着种群规模的扩大,一旦超过最大值,集群内的竞争将会导致部分企业被淘汰。

2. 共生关系

共生关系是指两种生物或其中一种生物由于不能独立生存而共同生活

在一起，以利于共同生存的一种关系。共生单元是构成共生体的基本单位，共生单元之间相互吸引、相互合作，从而产生共生能量。共生能量不是个体能量的简单相加，而是个体在集合基础上产生的新能量，具有部分之和大于总体的效果。共生关系的产生是一种自组织过程。共生能量带来合作进化，推动了共生个体或共生组织的生存能力、增殖能力的提高以及协同作用和创新能力的增强。

多个企业共处一域是这种能量产生的前提条件，企业间信息、物质、人员的交流和资源共享是这种能量产生的直接原因。企业之间结成共生关系可以实现资源共享，从而提高规模经济效益；同时，还可以通过资源互补来提高专业化程度和集聚经济效益，达到一个"共赢"的理想模式。

3. 捕食关系

捕食是指一个物种的成员以另一物种的成员为食。在群落中，企业的存在不仅依靠自身内部的成长，还要和其他企业尤其是同类企业发生密切的关系。各企业通过各种手段抢占市场份额或者争夺消费群体而展现出强烈的对抗性，按照优胜劣汰的原则，生命力弱的企业将会被吞吃掉。这就是企业间的捕食关系，在产业集群内，不同企业之间的兼并重组便属于这种情况。

（三）集群内在成长机制

从生态学的观点看，集群的内生力受到种群内部的竞争、共生、捕食等关系的影响。首先，在没有资源与外在竞争压力的限制时，企业种群的内在成长随着组织形式的不同，而有很大的差异。组织的规模、复杂度，组织创立与运作时对特定知识的依赖程度等，都影响着组织的设立与存活的困难程度。困难度低，代表组织越容易设立并存活；困难度高，代表组织设立时，需要形成这些基本条件的时间越长、成本越高、风险越大，相对需要外界投入的资源越多，则其内在成长率偏低。其次，集群的内在成长力也受到当地企业家精神、创新环境、传统习惯、法律、规则、文化等孕育因素的影响。此外，对于内生发展的集群来说，它的形成不是一种必然，而是一种偶然性促使下的必然结果。

二、产业生态系统研究综述

(一) 国外产业生态系统研究

1. 产业生态系统概念产生的研究

国外对产业生态系统的研究起源于发达的工业化国家。20世纪70年代,丹麦卡隆堡(Kalundborg)工业园区建立,开辟了一条革新性的废弃物管理利用新途径——"工业共生",这是产业生态系统思想的萌芽。1989年,时任通用汽车公司研究部副总裁的Robert Frosch和研究人员Gallopoulos在《科学美国人》杂志上发表题为《可持续工业发展战略》的文章,首次提出了产业生态系统(Industrial Ecosystem,简称为IE)的概念。1991年,美国国家科学院与贝尔实验室共同组织了首次"产业生态学"论坛,对产业生态学的相关概念、内容、方法以及应用前景进行了全面、系统的总结,基本形成了产业生态学的概念框架,认为:"产业生态学是对各种产业活动及其产品与环境之间相互关系的跨学科研究。"Lowenthal和Kastenberg(1998)的研究则认为,产业生态学从生态学中借鉴一系列工具、原则和视角应用于产业系统分析,包括系统物质、能量和信息流动对社会和环境的影响。

2. 产业生态系统应用性研究

1999年,美国学者穆尔(Moore)将生物学原理运用于企业组织战略研究,在《竞争的衰亡——商业生态系统时代的领导与战略》中提出:在产业界限日益融合的情况下,竞争来源于企业所属的商业生态系统间的对抗,单个企业应该把自己定位于一个商业生态系统的特定成员;企业间的竞争与合作演化大约经历了4个阶段;要从7个维度来管理商业生态系统,根据系统演化各个阶段的主要任务与挑战进行战略抉择,以在竞争中获得领导地位。穆尔把生物间的竞争关系引入商业竞争,把基于生产制造企业间的物质、信息、能量流动关系拓展到所有的工商企业关系,并强调营利性组织与顾客、非营利性组织之间要建立一种生态化的竞争关系。穆尔研究的视角和思路更加宽广,从而加深了人们对从产业生态系统到商业生态这一概念上的转化的理解。

从当前国外产业生态系统的研究进展来看，产业生态系统研究已进入从提出概念、建立理论体系、形成产业生态学科转向基于产业生态技术创新的理论应用阶段；企业之间的物质、价值、信息、能量等如何从技术层面实现有效循环成为产业生态系统研究的重点。不仅如此，产业生态学与其他学科的关联研究也成为热点。产业领袖和学者们基于生态观对企业的存在提出了新的思考，企业应该从纯粹的利益导向机制转向生态导向机制，即企业、社会、环境、资源等实现可持续发展。

（二）国内产业生态系统研究

1. 基于产业生态学理论的产业生态研究

"产业生态化"这一词组在我国最早见诸刘则渊、代锦《产业生态化与我国经济的可持续发展道路》一文，文中指出，产业生态化的本质目标就是在人类生存和发展的自然生态环境可再生的基础上，达到"人—社会—自然"之间的协调持续发展；该文还进一步阐述了农业生态化、工业生态化、第三产业生态化与可持续发展的关系，以及建立产业生态化试验区的思想。国内著名生态环境学者王如松和杨建新（2000）也系统地向我们介绍了产业生态理论研究方法和热点。他们还进一步提出了产业生态化的组合、孵化及设计原则——横向耦合、纵向闭合、区域耦合、柔性结构、功能导向、软硬结合、自我调节、增加就业、人类生态和信息网络，并介绍了产业生态管理的5种方法：生命周期评价（面向产品环境管理）、产品生态设计（面向绿色产品开发）、生态产业园规划（面向区域的规划）、生态产业孵化（面向生态产业开发）、生态管理（面向可持续发展）。这些成果对推动我国产业生态系统理论研究和产业生态化发展产生了深刻影响。有学者从经济学角度入手，对产业生态化问题进行了深入分析。黄志斌和王晓华（2000）就认为产业生态化是保证我国经济增长方式由粗放型向集约型转变，实现经济、生态、社会可持续发展的重要途径。樊海林和程远（2004）则从企业竞争的视角研究了产业生态系统理论，认为产业生态和企业竞争之间存在内在关系，产业生态实践会大幅度提高企业各种投入品所带来的基本附加值，而这又恰好是市场上顾客效用导向的结果;顾客效用函数中环境效用地位的凸显使企业运用生态理念提升产品环境附加值的可行性和动机日益趋强。

2. 企业竞争与企业仿生研究

生态理论的企业竞争、企业仿生研究在我国学术界非常活跃,从科学研究范畴上讲,这也应归纳到产业生态理论体系中来。韩福荣、徐艳梅在《企业仿生学》中为我们构建了完整的企业生态系统,并用数学方法和实证分析方法详细研究了企业仿生化过程。王愚和达庆利(2002)则"以人为蓝本"模拟构建了"一种类生物的企业系统模型",更进一步地从生命科学的角度揭示了企业这一"人造生命体"的运作过程。张燚等(2003)从企业发展动态的角度提出了战略生态学概念,并进行了深入的战略生态透视。陆玲(2001)把研究视角放大到企业群落,认为企业群落存在"群落效应",涉及不同产业;企业种群之间的能量金字塔总体上以第一产业为基部,以第二产业为中部,第三产业在第二产业之上,而在第三产业基础上逐级形成的新产业构建着群落生态链的顶部状态。王新纯和于渤等(2005)则从方法论入手,为企业实现产业生态化提供了科学可行的分析工具。2004年袁政发表了题为《产业生态圈理论论纲》的论文,更把产业生态系统研究推向高潮。当前产业生态系统理论的相关研究已走向多学科融合,涉及生态科学、环境科学、地理科学、经济学、管理学等学科。产业生态学的相关理论思想对我国现有产业实现生态化转型,促进生态资产与经济资产、生态基础设施与生产基础设施、生态服务功能与社会服务功能的平衡与协调发展也具有重大的指导意义。

第二节 里仁洞村种群发展分析

一、种群的出现

在自然条件下,一个新的物种的出现要么是因为原有物种的基因突变，要么是因为外来物种的进入，对于产业生态系统来说亦是如此，新的产业的出现要么是因为原有产业的升级或转型，要么是因为外部产业的迁入。番禺区里仁洞村的淘宝电商产业便是通过迁入的方式产生了新生产业。根据对里仁洞村淘宝电商创始人之一的罗文斌先生的访谈，了解到在 2010 年上半年，里仁洞村还是一个安静的乡村，虽不能说荒凉，却也实在没有多少人气，直到 2010 年 9 月份，罗先生及其同伴将自己的淘宝网店搬进了里仁洞村，才使村庄发生了改变。罗文斌等淘宝电商的进驻拉开了淘宝电商在里仁洞村集聚的序幕，至 2010 年年底，里仁洞村已有淘宝电商 50 余家，由此开始了淘宝村产业生态系统的发展演化之路。

二、种群的增长

（一）种群增长模型研究

种群的数量是指在一定空间环境中某个种群的个体总数。生物种群增长模型可分为世代不相重叠的离散型种群增长模型和世代重叠的连续增长模型。世代不重叠的离散型种群增长主要是指种群各个世代不相重叠，如许多一年生植物和昆虫，其种群增长是不连续的，而淘宝电商种群则属于世代重叠的连续增长模型。典型的种群连续增长模型有两种：

1. 与密度无关的种群增长模型

与密度无关的种群增长模型是假定种群在无限的环境中，即环境中空间、食物等排他性资源是无限的，种群增长率不随种群密度而变化，种群数量增长通常呈"J 型"指数增长。可用公式表示为：

$$N_t = N_0 e^{rt} \tag{1}$$

N_t 为时点 t 的种群个体总数，N_0 为初始种群个体数，rt 为时点 t 的瞬时种群增长率。当 $rt > 0$ 时，种群数量将呈数量级增长；当 $rt = 0$ 时，种群个体数量保持恒定；当 $rt < 0$ 时，种群数量呈现数量级衰减（如图 8-1 所示）。

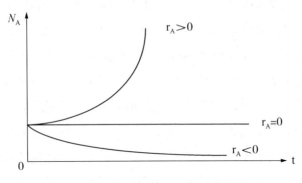

图 8-1 不同 r 值的"J 型"增长模式

2. 与密度有关的种群增长模型（Logistic 模型）

Logistic 增长模型有两个前提假设：①该模型假定种群增长存在一个环境所允许容纳的最大种群规模，常用 K 表示，当种群数量达到 K 时，种群将停止增长。②模型同时假设，种群增长率随着种群密度的增加而减小。最终种群将呈现"S 型"曲线增长（如图 8-2 所示）。可用公式表示如下：

$$N_t = rN_{t-1}(1 - \frac{N_{t-1}}{K}) \tag{2}$$

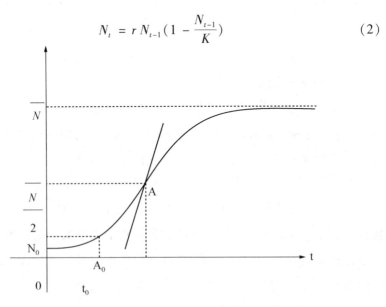

图 8-2 生物种群 Logistic 增长曲线

（二）里仁洞村淘宝电商的种群增长

里仁洞村的淘宝电子商务产业的集聚与里仁洞村的产业集聚环境密切相关。由于空间资源有限，同时根据产业集聚理论，产业集聚也存在着负面效应，可能导致同业竞争、环境恶化等不良影响，因此，"J型"增长模式不适合用于对里仁洞村淘宝电商的种群增长分析。那么，里仁洞村淘宝电商种群是否呈现 Logistic 曲线增长？这将通过实际调研数据进行验证。

根据实地调研，2010 年年底里仁洞村有约 50 家淘宝电商，到 2011 年增长到 200 多家。2012 年是里仁洞村淘宝电商集聚的巅峰，超过 1200 家电商在此集聚。2013 年电商数量基本持平，主要是迁入率和迁出率基本持平所致。但从 2014 年开始，里仁洞村淘宝电商数量出现断崖式衰减。2015 年，里仁洞村淘宝电商数量基本维持在 600～700 家。（如图 8-3 所示）

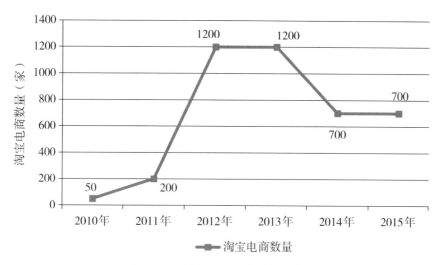

图 8-3　里仁洞村淘宝电商增长曲线

里仁洞村淘宝电商的增长曲线并不属于"S型"增长模型，也非"J型"增长模型，而是具有其自身的特征。其在增长和衰减的过程中，都表现出几何级变化的特征，这与淘宝电商自身的集聚模式密切相关。从对罗文斌的访谈获知，淘宝电商通常三五成群，组成一个个小团体。团体内部共享信息，甚至存在"供货"等上下游的产业联系。一个电商个体可以分属多个这样的小团体，电商个体对团体具有很大的依赖性，电商的迁入和迁出常以团体的形式进行，导致这种迁移活动具有非常强的连锁效应，这是导致电商种群增长模型表现出数量级跃迁特征的重要原因。

此外，淘宝电商种群的增长在经过早期的快速增长后，既没有保持"J型"模式的持续增长，也非如 Logistic 增长模型所示，进入均衡阶段，而是出现断崖式衰减，这是由于产业生态系统较之自然生态系统具有更大的不稳定性，对抗扰动能力较低。2013 年之后出现的淘宝电商数量的衰减是内外部因素共同作用的结果。其中金融危机导致的经济衰退提供了宏观背景，同时，随着电商的集聚，场地需求紧张，租金开始上涨也是原因之一。但根据调研，最主要的还是由于里仁洞村 2013 年作为广州唯一一个淘宝村进入人们的视野后，其受到媒体、民众等众多群体的关注，导致地方政府也开始关注淘宝村。其中，最明显的是对淘宝村的环境安全进行严格的监管，这一方面提高了电商的运营成本，另一方面也给电商商户造成了较大的心理压力，导致整个产业氛围开始变差，加之其他因素的综合影响，开始有电商团体外迁。电商群体式的组织模式使电商数量快速衰减，但也由于这种群体式组织所具有的粘滞效应，在环境有所改善后，还有大部分的电商留在里仁洞村，同时也由于自身的交通区位等优势，以及已经形成的集聚效应，里仁洞村吸引着新生电商的迁入。因此，2014 年至今，里仁洞村淘宝电商的数量基本保持稳定。

三、种内关系分析

生物的种内关系包括密度效应、领域性、社会等级和种内互助及种内斗争等。上一节中我们已经对种群内的密度效应进行了分析，虽然并非密度效应抑制了淘宝电商种群的增长，但根据产业集群理论可知，产业不可能无限集聚。产业集聚到一定程度时，集聚将会产生分散作用，抑制产业种群的继续增长，由此可知，产业种群内部存在一定的密度效应。

关于领域性的问题，各个淘宝电商自行租用场地，拥有自己的生产生活空间。但从经济视角来看，集聚于里仁洞村的大多数淘宝电商都依托于周边的沙河、白马、十三行三大服装批发市场和南村镇的服装加工产业经营女性服装，因此，从产业经济的角度分析，淘宝电商共享了同一市场领域。

淘宝电商在发展的过程中也出现了一定的分化，但这种分化仅表现在规模上，并没有出现权力等级的分化。根据调查，当前里仁洞村的淘宝电商存在3种经营模式。

第一种是小额零售型。该类型的网商主要是由已经在里仁洞村从事电商行业的同乡介绍和带动而在此聚集，他们本身属于草根创业者，没有过多的投资资金来建立属于自己的完整产业链，只能先以电商销售环节为主。通常是几个老板共同租用一个场地，各自进行自己的网店经营，这类网店一般规模较小，只有1~2人。这类网店的经营模式一般为接受订单后从网批店进货，没有独立库存，不需要仓储空间。

第二种是仓储销售型。一个老板独立承租一个场地，通过家人的配合进行网店的经营，一般规模在2~5人，分别承担销售、网店主页设计、打包发货等工作。该类型的电商拥有一定的流动资金，其经营模式为定期从沙河、白马、十三行等传统的服装批发市场进货，在自主销售的同时，也为小额零售型电商提供网络批发服务。他们需要租用一定的空间作为仓库来进行仓储和打包发货。

第三种是生产销售型。一个老板独立承租场地，同时雇用员工进行网店经营。一般情况下，这类网店会有自己的生产作坊或加工工厂，规模也扩大到5人以上。这类网商拥有更加完整的产业链，从设计打版到生产加工仓储，再到拍摄宣传，最终到销售发货都有自己的部门和员工。这类淘宝电商进一步发展，一般会搬离淘宝村，寻找更好的发展空间。（见表8-2）

表8-2 2015年里仁洞村不同规模淘宝电商占比

类型	数量/家	占比/%	特征	产业链长度	销售平台
小额零售型	50	8	几家网店共同租用场地，1~2人	接受订单后从网批店进货，无独立库存	淘宝或其他C2C平台
仓储销售型	500	79	独立承租场地，2~5人	从网批店或厂家进货，有独立仓库	沙河批发市场、天猫、淘宝
生产销售型	80	13	独立承租场地，5人以上，一般都产于生产环节	拥有自己的服装厂，集设计、生产、批发、销售等多个环节于一身	阿里巴巴、实体零售、沙河批发市场、天猫

虽然淘宝电商共享同一市场空间，又存在着规模上的差别，但彼此间并没有太多的竞争性行为，反而以互利互助的关系为主。根据调查，一般是3~7个淘宝电商组成一个小团体，团体中会有一个核心人物，负责组织团体的聚会等活动，电商们便在聚会中交流信息，包括对女装流行趋势的信息交流、对淘宝商城不利管理条例的规避和经营技巧分享等，这种信息共享是电商集聚的重要因素之一。由于电子商务较之于传统商业来说，具有产品更新快、商品信息更加公开透明、买方选择空间大等特点，所以，电商必须具有较强的信息收集和分析能力。而对这种信息的收集必须依托于一定的内部网络，电商群体对信息的高度依赖是其区别于传统产业的特征之一。由于一个电商可以同时分属不同的小团体，由此实现了团体间的信息交流，也正是经由这种团体内部和团体间的信息共享，淘宝电商间形成了互惠互利的关系。

第三节 里仁洞村群落演化分析

淘宝电商的集聚，诱发了其他经济或非经济型行为主体的出现和集聚，主要包括租户群体、以电子商务产业为服务对象的生产性服务产业和以电商为主要服务对象的生活性服务产业，此外，还有对产业生态系统具有明显影响的政府相关部门（如图8-4所示）。

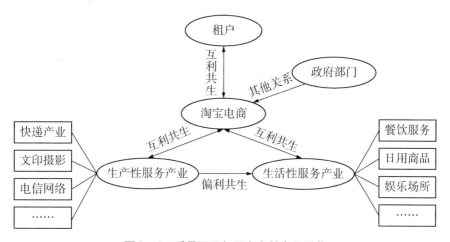

图8-4 番禺区里仁洞淘宝村产业群落

一、租户群体

在里仁洞村淘宝电商产业生态系统中，与淘宝电商同时出现的是为电商提供生产场所的租户群体，该群体为里仁洞村本地人。他们是整个生态系统中受益最多的种群，一方面通过出租房屋收取租金，另一方面，由于村集体物业的租赁和卫生管理费用的增加，每年都可获得一定的分红。此外，淘宝电商的集聚也带动了当地服装加工产业的发展及生活性服务产业的发展,给当地人提供了大量的发展机会和收入来源。租户群体将自建的房屋出租给淘宝电商,每月收取房租,由原来的兼业农民转变为依靠土地的食利阶层。租户群体随着电商数量的增加而增长,其种群增长与电商种群增长密切相关。租户与电商群体之间互利共生,租户由于电商的出现而获利,电商则在租户处获得租金相对低廉的场地,但这种关系可能随着产业集聚的发展而发生变化。根据调研资料,自2010年以来,里仁洞村的房租出现了数次增长,租金成本过高已成为当前淘宝电商迁出的诱因之一(见表8-3)。

表8-3 历年里仁洞村房租

时间	租金/(元·平方米)
2010年	8～10
2012年	20～30
2014年	40～50

二、服务性产业

除了租户群体,随着淘宝电商的出现而产生的还有各类服务于电子商务产业的生产性服务产业,其中与电商产业最为密切相关的是快递产业(见表8-4)和电信网络产业。根据调研,2010年之前里仁洞村并没有专门的快递代理点,但目前不仅申通、圆通、中通、韵达等大型快递企业在该村设立了分公司,同时还汇聚了国通等其他的快递企业。而电信网络服务产业也如雨后春笋般在里仁洞村涌现。走在里仁洞村,街头巷尾都可以看到各类网络资费的小广告,同时,移动、联通、电信等网络服务商的门店也遍及全村。除了这两大生产性服务产业的出现和集聚外,还出现了生产快递袋的作坊和小工厂,以及文印摄影、电商培训产业等。

同时,通过调研发现,电商及生产性服务产业的集聚,产生了大量的生活性服务需求,如对餐饮的需求、对日用品的需求和对娱乐的需求,由此，衍生了大量的快餐店、果蔬店、日用品超市、KTV 等生活性服务产业。

各类服务性产业因淘宝电商而产生，同时它们的出现也优化着淘宝电商的发展环境，有利于降低电商的经营成本，两者互利共生，共同推动了整个产业生态系统的发展和演化。

表 8-4　番禺区里仁洞村快递产业发展情况

时间	包裹量/（万个·年）
2009 年	150
2013 年	3000
2014 年	4500

三、政府部门

政府部门作为一个外部的服务性主体，与淘宝电商间存在着复杂的关系。淘宝电商在里仁洞村集聚之初，政府部门并没有对其产生过多影响，主要是工商部门为电商企业发放营业执照，但并没有对电商的集聚产生有利或不利的影响。随着电商集聚规模的扩大，也随着其在公众中受关注度的增加，政府部门也开始关注里仁洞村的淘宝电商，主要是工商部门和消防部门的强力介入，监管力度加强，使一些无证经营的电商和由于资金有限而将居住、仓储、网店等场所混合以减小空间需求的电商备受困扰。据了解，政府也出台了部分扶持电商发展的政策，但由于可行性较低，并没有使电商实际受益，反而是一系列的监管行为给电商的发展带来了不利的影响，使淘宝村的发展环境在一定程度上受到破坏，导致部分电商外迁，使淘宝村的产业群落提早进入衰落阶段。

第四节　里仁洞村产业生态系统协同演化机制分析

生态系统的协同演化，主要表现为各种群的协同演化。里仁洞淘宝村是以淘宝电子商务产业为核心，以快递产业、网络通信产业、餐饮服务产业等生产性和生活性服务产业及租户群体为支撑而形成的产业生态系统。其中，租户群体、生产性服务产业及生活性服务产业与淘宝电商间存在互利共生的关系。正是由于淘宝电商的集聚，才催生了其他种群的出现和增长，而生产性服务、生活性服务等产业的集聚和发展，也降低了淘宝电商的经营成本，并营造出更好的产业环境，吸引淘宝电商的进一步集聚。里仁洞淘宝村总体上经历了网商群体的发展和演化，经历了其他产业种群的出现和集聚以及产业外部环境的变化及适应等阶段，最终形成一个主体种群不断集聚和成长，不同产业种群共生共荣，外部环境不断优化的正向循环的产业生态系统。当然，在产业生态系统发展的过程中，也可能出现租金高涨、竞争激烈、发展空间受限、不利政策等打破或扰乱正向循环的因素，使产业生态系统走向衰落甚至消失。里仁洞淘宝村经过5年时间的自发发展，已形成完整的产业生态系统，同时该生态系统的发展也正遭受到租金上涨、空间限制、政府监管严格等外部不利因素的影响，能否在未来的发展中攻克难关，继续成长，则有待观察和研究。

以C2C模式为主的淘宝村电子商务产业集群主要包括生产商、服务商和网商三种经营主体，他们在互联网平台实现信息交互，通过契约关系和信用体系构成一个完整的电子商务生态链，实现资源共享和产业分工与合作。当乡村地区网商数量不断增加时，淘宝村电商产业集群内与之相关联的生产商和服务商随之增加，相互享有或提供服务的网络连接节点数增多，网络间互动与联系性增强，逐步形成"农户+网络+公司"模式，实现淘宝村前端销售、中端组织和后端生产分工明确的协同化运作。

自然生态系统存在的重要原因在于保持系统的稳定，而产业生态系统除了具有自然生态系统的一般性质外，还须遵循产业演进的规律。产业演进的一般历程为产业的产生—发展—成熟—衰落（升级），决定了淘宝村的产业集聚在形成良好正向循环的产业生态系统后，随着核心产业趋向成熟，必须要实现产业的升级，才能保证整个系统的发展。如何引导淘宝村产业集群形成良性循环的产业生态系统，并在未来的发展中实现产业的升级，以保证其继续发展，必将成为该领域的重要研究课题。

第九章 主要结论与政策启示

第一节 主要结论

一、广州市淘宝村的空间集聚演化符合路径依赖的演化理论

无论是从区县尺度还是从镇街尺度上看,广州市淘宝村的分布都存在着显著的非均衡特征,向外扩散与极化现象并存,内部差异正在扩大。从淘宝村的空间分布结构上看,广州市淘宝村总体上存在花都西北集聚区、白云中部集聚区、番禺北部集聚区三大核心集聚区域。此外,2014—2018年,广州市淘宝村的空间集聚现象日益明显,表现出明显的裂变式增长趋势,即新增淘宝村大多集中在原有淘宝村较为集中的地方。可见,广州市淘宝村的空间集聚演化表现出明显的路径依赖特性。路径依赖的演化理论强调偶然性、自我强化和锁定的重要作用,认为经济系统并不趋近于单一均衡状态,而是一个开放的系统,其演化依赖于系统过去的发展路径,即使是新路径也是源于已有路径的发展。经典的路径依赖模型分为4个阶段:一是历史偶然性,某个历史偶然事件或随机事件决定了企业最初区位;二是初始路径创造,自我强化的区位选择;三是路径依赖和锁定,规模效应递增导致锁定;四是路径解锁,不可预测、非预期的外部冲击导致产业衰退并消失。淘宝村的形成正是在创业能人的带动下所出现的偶发事件,随

着村内居民的模仿与学习，淘宝村逐步进入自我强化阶段。随后在多维邻近的影响下，综合交通物流、房租成本、政府推动等因素的影响下，淘宝村开始影响周边地区，从而在周边地区形成新的淘宝村，淘宝村集聚进入了路径锁定阶段。

二、广州市淘宝村空间集聚明显受到产业基础、交通物流、房租成本、政府作用等方面影响

原有的产业基础是推动广州市淘宝村集聚现象产生的关键要素。当前，广州市淘宝村的经营产品类型均为工业消费品，尚未出现以农产品为主要经营产品的淘宝村。广州市各区淘宝村的经营产品种类与当地工业发展特色以及专业市场类型有着较大的一致性。由此可见，广州市淘宝村的空间集聚明显依赖于当地的产业基础，这个产业基础条件既包括工业制造基础，又包括专业市场等商贸业基础。我们必须正确认识到电子商务的作用是"锦上添花"，电商化转型对区域产业发展具有重要意义，但要使电子商务发挥显著作用，就必须以当地的产业基础条件为前提。

广州市的淘宝村以临近中心城区的城中村、城边村为主，大部分淘宝村位于距离中心城区20千米的覆盖范围，交通条件良好，物流配送体系较为完善，有电子商务配送点的村占比较高。

由于淘宝村网商对成本具有较强的敏感性，当前广州市淘宝村所在区域的住房成本均相对较低，同时网商用房以农民自建房为主，建造成本较低，使得位于中心城区周围的城中村、城边村得以为淘宝网商、草根创业者提供较低的房租，房租成本也因此成为影响广州市淘宝村发展的重要因素。

此外，政府的政策扶持与资金支持可以有力地扶持中小微电子商务企业发展壮大，政府所提供的公共培训项目则有效地提升了淘宝村劳动力的素质，可以为其提供大量专业化的电子商务人才，并培育出一定的创业能人。因此，广州市电子商务政策体系的出台与完善在一定程度上推动了淘

宝村的迅速扩张，引导了淘宝村的空间集聚。

三、单个淘宝村的形成和利润驱动与区位选择、创新创业精神、社会资本、劳动力素质等密切相关

单个淘宝村的萌芽源于草根创业者在利润驱动下所进行的区位选择。尽管互联网技术使产业发展得以突破地理位置的约束，但传统区位条件仍发挥着重要作用，位于中心城区辐射范围内的城中村、城边村是孕育淘宝村的"温床"，得以先行利用电子商务进行转型，发展成为淘宝村。一方面，中心城区周边的城中村、城边村可以依托中心城区健全的道路交通网络与对外交通体系，与外界地区取得便捷的交通联系，从而降低其物流运输成本，提升物流配送效率。另一方面，位于中心城区辐射范围内的城中村、城边村还可以共享中心城区完善的商业、物流等设施。

企业家精神一直被认为是产业集群发展的重要动力，就单个淘宝村而言，企业家精神主要表现为创新创业精神。淘宝村的形成源于草根式创业，而创业行为会为产业创新与扩散提供机会：第一，一个创业者做出的任何改变都将影响到经济环境，并促使其他企业家做出调整行为；第二，创业行为可能创造财富，并以这种方式增加市场广度；第三，创造了以前不存在的市场小环境，为新创业者提供了进入和拓展这个市场小环境的机会。然而，单个创业者并不是独立地改变经济的孤胆英雄，就像其他任何个体一样，其行为常常需要复制自身的结果条件，即个体特质与周围环境之间相互作用的结果，也就是说，创业行为的产生也要依赖当地良好的创新创业精神、创新创业文化氛围。里仁洞淘宝村的形成则与罗文斌个人的创业行为有着密切的联系，具体而言：依托罗文斌的社会网络，在其创业行为的示范带动下，大量群体开始在里仁洞村开展创新创业活动，由此奠定了里仁洞村的创新创业精神。

我国乡村地区是一个典型的熟人社会，因此，领头人的社会网络、社会资本对淘宝村的形成至关重要。在淘宝村中，农村网商之间由于地缘、

亲缘关系，有频繁的信息交流，建立以合作与信任为基础的社会网络，网商群体之间的互动行为也逐步累积成社会资本。社会网络的形成与社会资本的积累使淘宝村网商群体间形成密集且低成本的信息交流传递通道，享受知识溢出与知识共享，从而推动了淘宝村的成长与成熟，激发了农村电子商务群体的集聚。

淘宝平台在技术上的准入门槛较低，并非高学历者和专业者才能掌握，因此淘宝村的形成并不需要大量的高素质劳动力。然而，淘宝村的形成仍需要一定的创业能人发挥示范带动作用，并需要一定的模仿型能人、改进型能人、研发型能人、服务型能人，如此才能有效地实现农村电子商务的进一步集聚与可持续发展。

四、淘宝村不同产业间构成了一个有机的产业生态系统，其演化是各种群协同演化的结果

在里仁洞淘宝村的形成过程中，随着淘宝项目的扩散，越来越多的农户直接或间接参与到电子商务中来，横向分工和纵向分工的深化需求不断增强，于是形成了一个以电子商务为核心的有机产业生态系统。产业生态系统架构与完善程度是淘宝村发展的基础，一个成熟的淘宝村必定存在着一个完善的生态系统，并且生态系统演化越全面，淘宝村整体运营效果就越好。在产业生态系统中，核心企业建立起围绕各自的企业群落。不同企业群落之间并不是完全排斥和独立的，而是相互交叉连接，形成错综复杂的网络关系。在企业种群之间的竞争、共生、捕食等关系的影响下，产业生态系统也会逐步发展进化、演化。产业生态系统的演化是企业种群的协同演化，即任何一个企业的发展都会影响到系统中另一个企业的最大产出水平。淘宝村产业生态系统的协同演化，也会伴随着新的网商群体的不断进入、成长、退出或衰亡，而不断涌现新技术、新产品，社会环境、政策法规、基础设施等也随之处于不断变化之中。这些变化影响到产业生态系统内部的各构成要素，而不同的要素又通过自我强化的反馈机制推动整个

产业生态系统的演化。然而，产业生态系统的演化方向并不总是趋向于升级、繁荣，也会走向衰落、消亡。在广州市淘宝村的时间演进过程中，曾经也有过淘宝村的消亡。因此，淘宝村的发展必须重视产业生态系统的建设，通过构建具备核心竞争力的产业生态系统来增强淘宝村的生命力。

第二节 政 策 启 示

一、广州市淘宝村发展中存在的问题

（一）人才培养机制匮乏

纵观全国淘宝村中的各企业发展历程发现，我国对淘宝电商所需人才的专业性培养是相当匮乏的，这对淘宝店的运营、推广、升级、发展都构成了非常大的限制。广州市淘宝村的发展亦表现出专业人才不足的特点，特别是精通网络技术、线上营销、物流管理而且熟悉农业经济运行规律的复合型人才较少。以里仁洞村为例，从淘宝电商经营者的受教育程度来看，具有初中学历者约占47.37%，高中学历者约占21.05%，本科学历者约占15.79%，其余则为中专、大专等学历。可见，里仁洞村内的淘宝电商经营者大多受教育程度较低。这势必会严重延长淘宝村的发展周期，进而使里仁洞村的淘宝产业链形成历程较长，各企业之间的合作机制长时间停留在初级阶段等。

（二）同质化竞争激烈

淘宝村中的大部分从业者电商专业知识相对薄弱，这导致大部分店家凭借直觉或市场的直接表现进行创业，具有相当的盲目性，大多追求快速利润。女装始终是更新快、销量高且便于跟随的产业之一。这些"便利"导致里仁洞村对女装有特别的偏爱。所调研的电商中女装店家就占据了77.419%，男装店家仅占6.451%，其余则为皮具、服装批发等店家。虽然女装同样存在不一样的市场定位，但是受教育程度较低的经营者对市场的把握能力是否足够充分是值得质疑的。并且，600余家淘宝电商中至少有470家集聚在一个村落之中，共同经营着女装，甚至其进货渠道也存在大量的重叠。不得不说在里仁洞村中存在着非常明显的同质化发展倾向，而这在相当长的一段时间内是对服装产业的不断复制，这必然会形成激烈的同质化竞争。

（三）自主创新匮乏

显然，专业人才培养机制的缺乏，使淘宝村内的主要生产模式长久停留在模仿的阶段，淘宝电商对新市场的发掘、新产品的包装、新营销的尝试并不热衷，创新性的设计非常少，这也是淘宝村发展缓慢，生产结构低级化的原因之一。

（四）淘宝村的分布与广州市农村电子商务发展重点区域错位

当前，广州市淘宝村主要分布在番禺区、白云区、花都区、增城区等区，而作为广州市未来农村电子商务发展的重点区域——从化区，曾于2015年发现过淘宝村，但目前已经消亡。可见，当前广州市淘宝村的区域分布与未来的政策导向存在一定的错位。广州市缺乏以农产品为主要经营产品的淘宝村，生鲜农产品电子商务发展滞后，究其原因，可以归纳为两个方面：

第一，广州市农产品标准化水平较低，高品质、高附加值的种类偏少，与高标准、高品质的电商经营趋势尚有差距，特色农产品品牌建设有待加强。

第二，部分农民电子商务意识不强。当前，广州市仍有相当一部分中老年农民习惯于沿用农产品批发市场等以往成熟的农产品销售渠道，以电子商务促进农产品销售的意愿和能力不足。

第三，从化、增城部分区域物流通达率低，缺乏农产品大型仓储、冷链等物流基础设施。一方面，农村区域"最初一千米"缺乏田头集货、产地预冷设备，造成生鲜产品损耗较大，质量难以保证，农产品销售成本较高；另一方面，中心城区"最后一千米"缺乏足够的、不限行的冷链配送车辆、社区生鲜自提柜等,造成生鲜农产品配送能力不足。

二、对广州市淘宝村发展的政策建议

(一) 打造淘宝村双边市场

针对目前淘宝村电子商务产业集群网商多、平台混杂,且面临着复制者多等的特征,我们认为其最重要的问题是:当前广州市的部分淘宝村已经形成了一定的品牌效应,但形成过程可复制性强,且该商业方法不能被有效保护起来;另外,淘宝村电子商务产业集群作为农村电子商务,其农户分散的组织特征决定了其集群的演化过程必然走向农户多、平台杂、内部恶性竞争的局面,这是农村电子商务发展中其组织形式决定的。解决以上两个问题的关键在于进行内部协调,但由于农村电子商务是以农户组织形式存在,其协调成本较之规模化的企业来说难度很大,因此,可以考虑通过打造淘宝村产业集群双边市场,形成淘宝村产业平台化治理思维(如图9-1所示)。

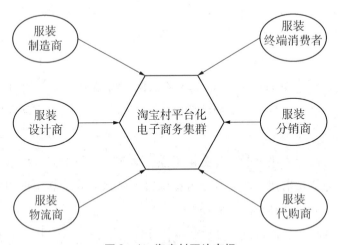

图 9-1 淘宝村双边市场

(二) 优化电商间的关系

一方面,电商个体要走特色化、差异化道路,特别是实力较强的电商,更有条件率先主动求变和提高商品档次。"人无我有,人有我优"靠的是品种和质量,"人优我专,人优我精"靠的产品和服务的细分和专注,而"人优我新,人优我转"靠的是主动追求差异化和操作灵活。这都有利于电商们跨出同质竞争的泥沼,改善市场生态系统的低差异化状态。另一方面,鉴于农村电商以微小企业为主体且呈集群式分布的状况,广州市农村电商行业协会要在更多方面发挥更加重要的作用。

(三) 进一步发挥当地已有的优势,加大力度吸引外部资源

更充分地利用和发挥当地已经形成的各种优势,加大力度吸引外部资源,拓宽合作渠道,应成为当地各方主体努力的重要方向。当地要高度警惕并努力克服传统农村容易产生的歧视排外的意识和做法,要开放怀抱,鼓励外部网商、服务商和其他非营利性组织等各类主体进入并参与竞争,特别要欢迎那些长期合作且落户于当地的市场伙伴,公平对待、一视同仁,将它们融入当地已有的市场生态体系。

(四) 支持农产品淘宝村的产生与成长,助推农产品上行

鼓励增城区、从化区发展农产品淘宝村,加快建设完善适应电子商务发展要求的农产品生产、采摘、检验检疫、分级、包装配送等标准体系建设,完善农产品追溯体系建设。加强与阿里巴巴、京东、苏宁等电商平台以及邮政、供销社、风行牛奶、广州日报等企业的合作,积极在增城区、从化区建设电商服务站、分销点、自提店、便利店等电商网点,促进农村消费和农产品销售。开展多种形式的农村电子商务培训,引导种植大户、农民专业合作社开办"农家网店",建设农产品公共仓,为种植大户、农民提供仓储以及物流配送服务。

(五) 进一步发挥政府的支持和引导作用

淘宝店家在近郊或城中村大规模集聚,对城市的发展和扩张直接构成影响。因此,淘宝店家是否能够在这些区位集聚,政府的行为就成了一个关键因素。因此,在淘宝村不断发展的过程中,各地区政府应当创造良好的制度环境,以吸引高质量人才进入淘宝村,进而激活淘宝村内的创新生产能力。

第一，重视电子商务服务支撑体系和基础设施的建设。设立专项扶持资金，吸引电商专业人才和电商服务企业入驻本地，为广大网商提供专业服务。加强淘宝村交通基础设施和物流配送体系建设力度，对淘宝村物流园区建设给予科学规划和土地划拨，实行规范化管理，降低本地物流成本，提高发货效率。

第二，鼓励行业协会、电子商务龙头企业为淘宝村的发展提供支持。积极发挥广州市农村电商行业协会的作用，通过举办各类对接活动，解决淘宝村电子商务企业人才、资金、渠道等方面的需求，搭建行业与政府、企业与企业之间沟通的桥梁，推动淘宝村繁荣和健康发展。

第三，通过加强电商知识宣传、举办电商技能培训等途径培育、孵化电商带头人，合理引导更多农户参与电商创业。依托广州市农村电商行业协会、广州大学等单位以及苏宁易购、京东等大型电商平台，开展农村电商知识培训，培养农村电商专业人才。

参 考 文 献

[1] 淘宝村：乡村振兴的先行者［EB/OL］.（2018-06-25）. http://journal.crnews.net/ncpsczk/2018n/deseq/ds/98443_20180625032633.html.

[2] 中国国际电子商务中心研究院. 中国农村电子商务发展报告（2017—2018）［R］. 2018.

[3] 阿里占中国电商市场58.2%份额 京东占16.3%［EB/OL］.（2018-07-12）. http://www.ebrun.com/20180712/286130.shtml.

[4] 阿里研究中心. 淘宝村研究微报告2.0［R］. 2013.

[5] 阿里研究院. 中国淘宝村研究报告（2014）［R］. 2014.

[6] 全国2017年淘宝村数量超2100个［EB/OL］.（2017-11-29）. http://www.ebrun.com/20171129/257156.shtml.

[7] 林娟. 区域发展新模式：浙江省农村电子商务集群演化研究［D］. 上海：华东师范大学，2018.

[8] 乔家君，杨家伟. 中国专业村研究的新近进展［J］. 人文地理，2013，28（5）：76-80，60.

[9] 苗长虹. 马歇尔产业区理论的复兴及其理论意义［J］. 地域研究与开发，2004，23（1）：1-6.

[10] 沈满洪，张兵兵. 交易费用理论综述［J］. 浙江大学学报（人文社会科学版），2013，43（2）：44-58.

[11] 贾盈盈. 产业集群理论综述［J］. 合作经济与科技，2016（18）：39-41.

[12] 庞琛. 多重异质性、企业空间离散化与产业集聚研究［D］. 杭州：浙江大学，2017.

[13] 让·博西玛,让·马丁.演化经济地理学手册[M].北京:商务印书馆,2016.

[14] 乔如娟.广州新塘牛仔服装产业集群创新网络演化研究:基于演化经济地理学视角[D].广州:广州大学,2018.

[15] 贺灿飞.区域产业发展演化:路径依赖还是路径创造?[J].地理研究,2018,37(7):1253-1267.

[16] 张作为.淘宝村电子商务产业集群竞争力研究[J].宁波大学学报(人文科学版),2015,28(3):96-101.

[17] 刘亚军,陈进,储新民."互联网+农户+公司"的商业模式探析:来自"淘宝村"的经验[J].西北农林科技大学学报(社会科学版),2016,16(6):87-93.

[18] 毛锦庚."互联网+"背景下淘宝村的发展特征与动力机制[J].商业经济研究,2018(18):131-133.

[19] 王燕,张奇,卫婧婧.基于组织生态学的淘宝村发展模式案例研究[J].未来与发展,2016(4):53-58.

[20] 郭承龙.农村电子商务模式探析:基于淘宝村的调研[J].经济体制改革,2015(5):110-115.

[21] 陈宏伟,张京祥.解读淘宝村:流空间驱动下的乡村发展转型[J].城市规划,2018,42(9):93-105.

[22] 范轶琳,姚明明,吴卫芬.中国淘宝村包容性创新的模式与机理研究[J].农业经济问题,2018(12):118-127.

[23] 白冬冬,孙中伟.我国淘宝村的空间组织与地理根植性[J].世界地理研究,2019,28(1):121-129.

[24] 张灿.论电子商务产业集群的形成机制:基于"淘宝第一村"的案例研究[J].区域经济评论,2015(6):97-104.

[25] 曾亿武,邱东茂,沈逸婷,等.淘宝村形成过程研究:以东风村和军埔村为例[J].经济地理,2015,35(12):90-97.

[26] 刘亚军,储新民.中国"淘宝村"的产业演化研究[J].中国软科

学，2017（2）：29-36.

[27] 辛向阳．淘宝村的集聚时空演变及形成机制研究［D］．郑州：河南大学，2017.

[28] 王慧英．电商背景下内生式淘宝村形成分析［J］．农村经济与科技，2018，29（20）：65-66.

[29] 崔丽丽，王骊静，王井泉．社会创新因素促进"淘宝村"电子商务发展的实证分析：以浙江丽水为例［J］．中国农村经济，2014（12）：50-60.

[30] 李育林，张玉强．我国地方政府在"淘宝村"发展中的职能定位探析：以广东省军埔村为例［J］．科技管理研究，2015，35（11）：174-178.

[31] 梁强，邹立凯，王博，等．关系嵌入与创业集群发展：基于揭阳市军埔淘宝村的案例研究［J］．管理学报，2016，13（8）：1125-1134.

[32] 曾亿武，郭红东．电子商务协会促进淘宝村发展的机理及其运行机制：以广东省揭阳市军埔村的实践为例［J］．中国农村经济，2016（6）：51-60.

[33] 千庆兰，陈颖彪，刘素娴，等．淘宝镇的发展特征与形成机制解析：基于广州新塘镇的实证研究［J］．地理科学，2017，37（7）：1040-1048.

[34] 朱邦耀，宋玉祥，李国柱，等．C2C电子商务模式下中国"淘宝村"的空间聚集格局与影响因素［J］．经济地理，2016，36（4）：92-98.

[35] 单建树，罗震东．集聚与裂变：淘宝村、镇空间分布特征与演化趋势研究［J］．上海城市规划，2017（2）：98-104.

[36] 赵军阳，丁疆辉，王新宇．不同尺度下中国"淘宝村"时空分布及演变特征［J］．世界地理研究，2017，26（6）：73-82.

[37] 付岩岩．"淘宝村"的空间集聚变化趋势分析［J］．商业经济研究，2018（21）：113-116.

[38] 胡垚，刘立．广州市"淘宝村"空间分布特征与影响因素研究［J］．规划师，2016，32（12）：109-114.

[39] 黄祥．泉州市淘宝村的空间集聚研究［D］．泉州：华侨大学，2017.

[40] 杨思，李郇，魏宗财，等．"互联网+"时代淘宝村的空间变迁与重构［J］．规划师，2016，32（5）：117－123．

[41] 周嘉礼．广州市里仁洞"淘宝村"的空间演变研究［D］．广州：华南理工大学，2017．

[42] 许璇，李俊．电商经济影响下的淘宝村产居空间特征研究：以苏州市4个淘宝村为例//中国城市规划学会．共享与品质：2018中国城市规划年会论文集（18乡村规划）［M］．北京：中国建筑工业出版社，2018．

[43] 曾亿武．农产品淘宝村集群的形成及对农户收入的影响：以江苏沭阳为例［D］．杭州：浙江大学，2018．

[44] WANG J J, XIAO Z P. Co-evolution between entailing and parcel express industry and its geographical imprints : the case of China［J］. Journal of transport geography, 2015, 46（5）: 20－34.

[45] GUO G, LIANG Q, LUO G. Effects of clusters on China's e-commerce: evidence from the Junpu Taobao Village［J］. International journal of business and management, 2014, 9（6）: 180－186.

[46] AVGEROU C, LI B. Relational and institutional embeddedness of web-enabled entrepreneurial networks: case studies of netrepreneurs in China［J］. Information systems journal, 2013, 23（4）: 329－350.

[47] ZOU L, LIANG Q. Mass entrepreneurship, government support and entrepreneurial cluster : case study of Junpu Taobao Village in China［J］. Scholars journal of economics, business and management, 2015, 2（12）: 1185－1193.

[48] LEONG C, PAN S, NEWELL S, et al. The emergence of self-organizing e-commerce ecosystems in remote villages of China: a tale of digital empowerment for rural development［J］. MIS quarterly, 2016, 40（2）: 475－484.

[49] CUI M, PAN S L, NEWELL S, et al. Strategy, resource orchestration

and e-commerce enabled social innovation in rural China [J]. Journal of strategic information systems, 2017, 26 (1): 3-21.

[50] LIN G, XIE X R, LV Z Y. Taobao practices, everyday life and emerging hybrid rurality in contemporary China [J]. Journal of rural studies, 2016, 47 (B): 514-523.

[51] CZAMANSKI S. Study of clustering of industries spatial organization of Industries [M]. Canada: Institute of Public Affairs, Dalhousie University, 1974.

[52] PORTER M E. On competition [M]. US: Harvard Business School Press, 1998.

[53] OECD. Boosting innovation: the cluster approach [M]. Paris: OECD Proceedings, 1999.

[54] UNIDO. Development of cluster and network of SMEs: The UNIDO Programme [M]. Vienna: UNIDO, 2001.

[55] ROSENFELD S A. Bringing business clusters into the mainstream of economic development [J]. European planning studies, 1997, 5 (1): 3-23.

[56] SWANN P, et al. The dynamics of industrial clustering: international comparisons in computing and biotechnology [M]. Oxford: Oxford University Press, 1998.

[57] BERG L V D, BRAUN E, WINDEN W V. Growth clusters in European cities: an integral approach [J]. Urban studies, 2001, 38 (1): 185-205.

[58] PORTER M E. Clusters and the new economics of competition [J]. Harvard business review, 1998, V76 (6): 77-91.

[59] CICCONE A. Agglomeration effects in Europe [J]. European economic review, 2002, 46 (2): 213-227.

[60] RUI B, SWANN P. Do firms in clusters innovate more? [J]. Research Policy, 1998, 27 (5): 525-540 (16).

[61] OTTAVIANO G I P, MARTIN P. Growth and agglomeration [J]. International economic review, 2001, 42 (4): 947-968.

[62] BALDWIN R E, FORSLID R. The core-periphery model and endogenous growth: stabilizing and destabilizing integration [J]. Economica, 2000, 67 (267): 307 - 324.

[63] FUJITA M, THISSE J F. Economics of agglomeration: cities, industrial location, and regional growth [M]. Cambridge: Cambridge University Press, 2002: F395 - F397.

[64] HEAD K, RIES J, SWENSON D. Agglomeration benefits and location choice: evidence from Japanese manufacturing investments in the United States [J]. Journal of international economics, 1995, 38 (3): 223 - 247.

[65] GUIMARAES P, FIGUEIREDO O, WOODWARD D. Agglomeration and the location of foreign direct investment in Portugal [J]. Journal of urban economics, 2000, 47 (1): 115 - 135.

[66] ASHHEIM B T. Industrial districts as 'learning regions': a condition for prosperity [J]. European planning studies, 1996, 4 (4): 379 - 400.

[67] CAINELLI G, MANCINELLI S, MAZZANTI M. Social capital and innovation dynamics in district-based local systems [J]. Journal of behavioral and experimental economics (formerly the journal of socio-economics), 2007, 36 (6): 932 - 948.

[68] BALDWIN R E. Agglomeration and endogenous capital [J]. European economic review, 1999, 43 (2): 253 - 280.

[69] FABER B. Towards the spatial patterns of sectoral adjustments to trade liberalisation: the case of NAFTA in Mexico [J]. Growth & change, 2007, 38 (4): 567 - 594.

[70] 冼国明, 文东伟. FDI、地区专业化与产业集聚 [J]. 管理世界, 2006 (12): 18 - 31.

[71] 段小梅. 台湾制造业投资大陆的产业集群分析 [J]. 台湾研究集刊, 2007 (2): 40 - 49.

[72] 王可侠. 产业集聚中的交易成本约束: 一个典型案例分析 [J]. 上海

经济研究，2007（11）：79－85．

[73] 李江，贺传皎．产业空间集聚发展的动力机制研究：以深圳市为例[J]．城市规划，2008（9）：75－80．

[74] 申明浩，隋广军，孙雷．中国汽车产业集群发展的影响因素分析[J]．科技管理研究，2008，28（1）：216－219，223．

[75] 钱水土，江乐．浙江区域金融结构对产业集聚的影响研究：基于面板数据的实证分析[J]．统计研究，2009，26（10）：62－67．

[76] 刘新艳，何宏金．新兴产业空间集聚的动力机制分析[J]．科技进步与对策，2011，28（5）：63－67．

[77] 张琰，郭英之．中国会议中心城市集聚影响因素的实证研究：基于经济地理和新经济地理的研究框架[J]．旅游学刊，2008，23（8）：85－90．

[78] 杨春河，张文杰．基于交易效率的物流产业地理集聚分析[J]．生产力研究，2008（8）：99－101．

[79] 褚劲风．上海创意产业空间集聚的影响因素分析[J]．中国人口·资源与环境，2009，19（2）：170－174．

[80] 连玮佳，李健．隐性知识传递对于我国创意产业集聚的影响[J]．科学学与科学技术管理，2009，30（8）：113－116．

[81] 曹宝明，王晓清．区位选择视角下产业集群形成的微观机制分析[J]．江苏社会科学，2008（6）：89－93．

[82] 刘义圣，林其屏．产业集群的生成与运行机制研究[J]．东南学术，2004（6）：130－137．

[83] 卢杰．基于生态学的制造业产业集群共存互利的稳定性模型[J]．统计与决策，2009（8）：161－163．

[84] 康胜．企业集群演化的动力机制：基于向心力与离心力相互作用的分析[J]．科技进步与对策，2004，21（12）：10－12．

[85] 王子龙，谭清美，许箫迪．企业集群共生演化模型及实证研究[J]．中国管理科学，2006，14（2）：141－148．

[86] 蔡绍洪,徐和平,汪劲松,等. 区域集群创新网络形成发展的演进机理及特征[J]. 贵州社会科学,2007(5):4-9.

[87] 魏后凯. 改革开放30年中国区域经济的变迁:从不平衡发展到相对均衡发展[J]. 经济学动态,2008(5):9-16.

[88] 盖骁敏,张文娟. 中国产业集聚发展演变趋势探讨:基于"中心外围"模型的分析[J]. 山东大学学报(哲学社会科学版),2011(6):32-37.

[89] 周兵,蒲勇健. 一个基于产业集聚的西部经济增长实证分析[J]. 数量经济技术经济研究,2003(8):143-147.

[90] 林柯,朱志明. 西北地区制造业集聚及其对区域经济的增长效应:以甘肃省为例证[J]. 软科学,2008,22(11):43-46,50.

[91] 金成晓,李军睿. 东北老工业基地产业集聚与民营经济的发展[J]. 当代经济研究,2004(12):60-62.

[92] 陈建军,胡晨光. 产业集聚的集聚效应:以长江三角洲次区域为例的理论和实证分析[J]. 管理世界,2008,20(6):68-83.

[93] 钱水土,金娇. 金融结构、产业集聚与区域经济增长:基于2000—2007年长三角地区面板数据分析[J]. 商业经济与管理,2010,222(4):67-74.

[94] 王光玲,吴学花. 中国制造业集聚对生产的贡献度检验[J]. 统计与决策,2008(17):77-79.

[95] 朱英明. 区域制造业规模经济、技术变化与全要素生产率:产业集聚的影响分析[J]. 数量经济技术经济研究,2009,26(10):3-18.

[96] 潘文卿,刘庆. 中国制造业产业集聚与地区经济增长:基于中国工业企业数据的研究[J]. 清华大学学报(哲学社会科学版),2012,27(1):137-147,161.

[97] 陈立泰,张祖妞. 服务业集聚与区域经济增长的实证研究[J]. 山西财经大学学报,2010(10):65-71.

[98] 仇怡,吴建军. 国际贸易、产业集聚与技术进步:基于中国高技术产

业的实证研究 [J]. 科学学研究, 2010, 28 (9): 1347-1353.

[99] 金江磊. 中西部文化产业集群的区域竞争优势研究 [J]. 中国市场, 2015 (3): 100-101.

[100] 徐晓丹, 支大林. 吉林省农副食品加工产业集聚与经济增长关系研究 [J]. 税务与经济, 2011 (6): 106-110.

[101] 洪娟, 廖信林. 长三角城市群内制造业集聚与经济增长的实证研究: 基于动态面板数据一阶差分广义矩方法的分析 [J]. 中央财经大学学报, 2012 (4): 85-90.

[102] 闫逢柱, 乔娟. 产业集聚一定有利于产业成长吗?: 基于中国制造业的实证分析 [J]. 经济评论, 2010 (5): 63-71.

[103] 易将能, 孟卫东, 杨秀苔. 区域创新网络演化的阶段性研究 [J]. 科研管理, 2005 (5): 24-28.

[104] 林健, 曹静. 论产业集群中的知识溢出与知识共享 [J]. 统计与决策, 2007 (14): 56-57.

[105] 曹休宁, 戴振. 产业集聚环境中的企业合作创新行为分析 [J]. 经济地理, 2009 (8): 1323-1326, 1271.

[106] 张萃. 产业集聚与创新: 命题梳理与微观机制分析 [J]. 科学管理研究, 2010, 28 (3): 1-4.

[107] 徐君. 产业集聚与企业集团集群式创新的协助效应 [J]. 科学管理研究, 2010, 28 (6): 8-11.

[108] 张秀武, 胡日东. 产业集群与技术创新: 基于中国高技术产业的实证检验 [J]. 科技管理研究, 2008, 28 (7): 534-537.

[109] 周明, 李宗植. 基于产业集聚的高技术产业创新能力研究 [J]. 科研管理, 2011, 32 (1): 15-21, 28.

[110] 吕宏芬, 刘斯敖. R&D 投入、产业集聚与浙江区域创新效应分析 [J]. 浙江学刊, 2011 (5): 196-201.

[111] 颜克益, 芮明杰, 巫景飞. 产业集聚视角下高技术产业创新绩效影响因素研究: 基于中国省际面板数据 (1998—2007) 的研究 [J].

经济与管理研究, 2010 (12): 57-67.

[112] 曹玉平. 出口贸易、产业空间集聚与技术创新: 基于 20 个细分制造行业面板数据的实证研究 [J]. 经济与管理研究, 2012 (9): 73-82.

[113] 李平, 盛丹. 产业集聚、FDI 技术溢出与东道国的自主创新 [J]. 社会科学战线, 2009, 163 (1): 92-99.

[114] 毕红毅, 张海洋. 产业集聚对山东省 FDI 技术溢出的影响研究 [J]. 国际贸易问题, 2012 (4): 73-82.

[115] 葛立成. 产业集聚与城市化的地域模式: 以浙江省为例 [J]. 中国工业经济, 2004 (1): 56-62.

[116] 徐维祥, 唐根年, 陈秀君. 产业集群与工业化、城镇化互动发展模式研究 [J]. 经济地理, 2005, 25 (6): 868-872.

[117] 罗洪群, 肖丹. 产业集聚支撑的川渝城市群发展研究 [J]. 软科学, 2008, 22 (12): 102-105.

[118] 刘湘辉, 孙艳华, 周发明. 中小企业集群与城镇化的耦合发展 [J]. 统计与决策, 2008 (21): 167-168.

[119] 陆根尧, 符翔云, 朱省娥. 基于典型相关分析的产业集群与城市化互动发展研究: 以浙江省为例 [J]. 中国软科学, 2011 (12): 101-109.

[120] 张芸, 梁进社, 李育华. 产业集聚对大都市区空间结构演变的影响机制: 以北京大都市区为例 [J]. 地域研究与开发, 2009, 28 (5): 6-11, 26.

[121] 王克婴, 张翔. 文化产业集聚对国际创意大都市空间结构重构的影响 [J]. 城市发展研究, 2012, 19 (12): 88-93.

[122] 陈随军, 王雅芬. 产业集聚与小城镇可持续发展: 以小城镇工业废水的综合治理为例 [J]. 数量经济技术经济研究, 2000, 17 (8): 25-27.

[123] 王崇锋, 张吉鹏. 制造业产业集聚对生态城市建设影响的定量研究:

基于 CR4 指数的实证研究 [J]. 中国人口·资源与环境, 2009, 19 (4): 140-144.

[124] 杨丹萍. 论产业集群与区域国际竞争力 [J]. 中国流通经济, 2004, 18 (5): 41-44.

[125] 鲍丽娜. 民营经济集群发展与竞争力提升 [J]. 山西财经大学学报, 2005, 27 (6): 49-52.

[126] 孙中叶. 集群式创新与区域竞争力提升的耦合机理分析 [J]. 经济经纬, 2006 (5): 68-70.

[127] 胡峰. 动漫产业的集聚优势与区域竞争: 自杭州观察 [J]. 改革, 2010 (2): 55-62.

[128] 张翠梅. 区域集聚产业竞争力评价指标体系研究 [J]. 经济问题, 2007 (8): 25-26.

[129] 孙慧, 张娜娜, 刘媛媛. 基于 AHP 的新疆黑色能源产业集群竞争力评价 [J]. 软科学, 2011, 25 (2): 84-88.

[130] 俞毅. 论我国中小企业国际竞争优势的构建战略 [J]. 财贸经济, 2003 (7): 73-78, 97.

[131] 王韶辉, 宋敏. 基于产业集聚的国家工程中心核心竞争力研究 [J]. 科技管理研究, 2009, 29 (2): 183-185

[132] 祖强, 孙军. 跨国公司 FDI 对我国产业集聚和产业升级的影响 [J]. 世界经济与政治论坛, 2005 (5): 28-32.

[133] 盖晓敏. 外商直接投资分布与我国制造业产业集聚的关系分析 [J]. 经济纵横, 2012 (4): 73-77.

[134] 韩剑, 潘沁, 徐康宁. 外商直接投资地区集聚效应的实证研究 [J]. 国际贸易问题, 2005 (3): 100-105.

[135] 程昶志, 王怡文. 我国产业集聚与外国直接投资的关联分析 [J]. 统计与决策, 2007 (12): 83-85.

[136] 孙浦阳, 韩帅, 靳舒晶. 产业集聚对外商直接投资的影响分析: 基于服务业与制造业的比较研究 [J]. 数量经济技术经济研究, 2012

(9): 40-57.

[137] SEVTSUK A. Path and place: a study of urban geometry and retail activity in Cambridge and Somerville, MA [D]. Massachusetts Institute of Technology, 2010.

[138] PORTA S, LATORA V, WANG F H. Street centrality and densities of retail and services in Bologna, Italy [J]. Environment and planning B: planning and design, 2009, 12 (36): 450-465.

[139] PORTA S, LATORA V, WANG F H. Street centrality and the location of economic activities in Barcelona [J]. Urban studies, 2012, 49 (7): 1471-1488.

[140] WANG F H, CHEN C, XIU C L, et al. Location analysis of retail stores in Changchun, China: a street centrality perspective [J]. Cities, 2014 (41): 54-63.

[141] 徐晶. 南昌市大型零售商业设施布局研究 [D]. 南昌: 江西师范大学, 2009.

[142] 李云辉, 彭少军. 武汉城市零售业空间布局影响因素研究 [J]. 中南林业科技大学学报 (社会科学版), 2008, 2 (6): 90-93.

[143] 杨翔. 延吉市零售商业网点空间布局研究 [D]. 延吉: 延边大学, 2012.

[144] 王士君, 浩飞龙, 姜丽丽. 长春市大型商业网点的区位特征及其影响因素 [J]. 地理学报, 2015, 70 (6): 893-905.

[145] 覃勤. 长沙市中心城区大型综合超市空间布局研究 [D]. 长沙: 湖南师范大学, 2011.

[146] 周建高. 城市路网结构及其对商业影响的中日比较: 以天津与大阪为例 [J]. 环渤海经济瞭望, 2013 (11): 27-31.

[147] 樊文平, 石忆邵, 车建仁, 等. 基于GIS与空间句法的道路网结构对城市商业中心布局的影响 [J]. 中山大学学报 (自然科学版), 2011, 50 (3): 112-117.

[148] 沈体雁,周麟,王利伟,等.服务业区位选择的交通网络指向研究:以北京城市中心区为例[J].地理科学进展,2015,34(8):947-956.

[149] 蒋波涛,王艳东,叶信岳.使用点评数据探测城市商业服务设施的发展规律[J].测绘学报,2015,44(9):1022-1028.

[150] 陈晨,王法辉,修春亮.长春市商业网点空间分布与交通网络中心性关系研究[J].经济地理,2013,33(10):40-47.

[151] 陈晨,程林,修春亮.沈阳市中心城区交通网络中心性及其与第三产业经济密度空间分布的关系[J].地理科学进展,2013,32(11):1612-1621.

[152] 消灭市场"黑洞",大数据告诉你我国农业信息化阶段历程![J/OL].(2018-03-30). http://m.sohu.com/a/226764133_100069746.

[153] 映潮科技.2017年全国农村电子商务运行情况报告[R].2018.

[154] 电子商务研究中心.分析:我国农村电子商务发展形势与走势[J/OL].(2018-05-20). http://www.100ec.cn/detail-6450289.html.

[155] 互联网引路农村电商 去年丽水实现网络零售额350亿[J/OL].(2019-01-21). http://zjnews.zjol.com.cn/zjnews/lsnews/201901/t20190121_9294541.shtml.

[156] 电子商务研究中心.盘点:农村电商6大难点和11大模式[J/OL].(2017-10-10). http://b2b.toocle.com/detail-6418305.html.

[157] 徐州睢宁"沙集模式"叫响全国[J/OL].(2017-10-18). http://www.dydaily.com.cn/2017/1018/32617.shtml.

[158] 12年,从"沙集模式"到"睢宁经验"[J/OL].(2018-10-29). http://epaper.cnxz.com.cn/pcwb/html/2018-10/29/content_505234.htm.

[159] 黄先超."淘宝村"发展的"清河模式"与诸要素分析[J].管理观察,2017(12):56-57.

[160] 罗谷松.广州打造网络商都:环境与战略研究[M].北京:经济科学出版社,2015.

[161] 罗健华,刘特健,莫澜.荔湾区花地河电子商务集聚区发展思路研究[R].2016.

[162] 南沙自贸区打造跨境电商新高地[J/OL].(2017-02-09).http://www.gz.gov.cn/gzgov/s7511/201702/e20074defd6a4148b3f4b001b4c574c4.shtml.

[163] 唐望生.广州推进农村信息化的历程和经验[J].中国信息界,2007(9):39-42.

[164] 刘伟中.广州专业批发市场转型升级的调查与思考[J].广东经济,2018(5):6.

[165] 王利文,杨兵.广州农村改革开放40年的主要经验、问题和乡村振兴的建议[J].广东经济,2018(11):40-47.

[166] 池仁勇,乐乐.基于产业集群理论的淘宝村微生态系统研究[J].浙江工业大学学报(社会科学版),2017,16(4):383-389.

[167] 蔡晓辉.淘宝村空间特征研究[D].广州:广东工业大学,2018.

[168] 陈文涛.电子商务作用下乡村地区产业空间结构研究//中国城市规划学会.共享与品质:2018中国城市规划年会论文集(18乡村规划)[M].北京:中国建筑工业出版社,2018.

[169] 张嘉欣,千庆兰,姜炎峰,等.淘宝村的演变历程与空间优化策略研究:以广州市里仁洞村为例[J].城市规划,2018,42(9):110-117.

[170] 刘天卓,陈晓剑.产业集群的生态属性与行为特征研究[J].科学学研究,2006,24(2):197-201.

[171] 刘洪君,朱顺林.软件产业集聚机制与模式研究:基于生物种群理论[J].企业活力,2010(12):13-16.

[172] 杨文举,孙海宁.发展生态工业探析[J].生态经济,2002(2):56-59.

[173] FROSCH R A, GALLOPOULOS N E. Strategies for manufacturing [J]. Scientific American, 1989, 261(3): 144-152

[174] LOWENTHAL M D, KASTENBERG W. Industrial ecology and energy systems: a first step [J]. Resources conversation and recycling, 1998, 24 (1): 51-63.

[175] 穆尔. 竞争的衰亡: 商业生态系统时代的领导与战略 [M]. 北京: 北京出版社, 1999.

[176] 刘则渊, 代锦. 产业生态化与我国经济的可持续发展道路 [J]. 自然辩证法研究, 1994, 10 (12): 38-43.

[177] 王如松, 杨建新. 产业生态学和生态产业转型 [J]. 世界科技研究与发展, 2000, 22 (5): 24-32.

[178] 黄志斌, 王晓华. 产业生态化的经济学分析与对策探讨 [J]. 华东经济管理, 2000 (3): 7-8.

[179] 樊海林, 程远. 产业生态: 一个企业竞争的视角 [J]. 中国工业经济, 2004 (3): 29-36.

[180] 韩福荣, 徐艳梅. 企业仿生学 [M]. 北京: 企业管理出版社, 2002.

[181] 王愚, 达庆利. 一种类生物的企业系统模型 [J]. 管理工程学报, 2002 (1): 34-38.

[182] 张燚, 张锐. 战略生态学: 战略理论发展的新方向 [J]. 科学学研究, 2003, 21 (2): 35-40.

[183] 张燚. 企业战略的生态透视 [J]. 科学学与科学技术管理, 2003, 24 (5): 47-51.

[184] 陆玲. 企业群落与企业群落学 [J]. 生态科学, 2001, 20 (C1): 162-164.

[185] 王新纯, 于渤. 工业生态工程的分析方法研究 [J]. 中国软科学, 2005 (6): 148-156.

[186] 王如松. 产业生态学与生态产业研究进展 [J]. 城市环境与城市生态, 2001 (6): 63.

[187] 郭莉, 苏敬勤, 徐大伟. 基于哈肯模型的产业生态系统演化机制研

究[J]. 中国软科学, 2005 (11): 161-165.

[188] 石磊, 刘果果, 郭思平. 中国产业共生发展模式的国际比较及对策[J]. 生态学报, 2012, 32 (12): 3950-3957.